Magdeburger Schriften zur Wirtschaftsinformatik

Claus Rautenstrauch (Hrsg.)

Die Zukunft der Anwendungssoftware – die Anwendungssoftware der Zukunft

Shaker Verlag
Aachen 2007

Bibliografische Information der Deutschen Nationalbibliothek
Die Deutsche Nationalbibliothek verzeichnet diese Publikation in der Deutschen Nationalbibliografie; detaillierte bibliografische Daten sind im Internet über http://dnb.d-nb.de abrufbar.

Copyright Shaker Verlag 2007
Alle Rechte, auch das des auszugsweisen Nachdruckes, der auszugsweisen oder vollständigen Wiedergabe, der Speicherung in Datenverarbeitungsanlagen und der Übersetzung, vorbehalten.

Printed in Germany.

ISBN 978-3-8322-6328-7
ISSN 1618-2308

Shaker Verlag GmbH • Postfach 101818 • 52018 Aachen
Telefon: 02407 / 95 96 - 0 • Telefax: 02407 / 95 96 - 9
Internet: www.shaker.de • E-Mail: info@shaker.de

Inhalt

Architekten, Landschaftspfleger und Kulturingenieure – neue
Aufgabenfelder für Wirtschaftsinformatiker   1
   Claus Rautenstrauch

METHODIK   11

Modellierung statt Programmierung? Model-Driven Architecture® für
betriebliche Anwendungssysteme   13
   Susanne Patig

Konstruktion von Services, Komponenten und Anwendungssystemen:
Bausteine einer Konstruktionslehre für die (Wirtschafts-) Informatik   33
   Sven Overhage, Klaus Turowski

Compliance Engineering   49
   Andreas Abel

VORGEHENSWEISE   61

Self Adaptive Customizing: Ein Konzept zum automatischen Customizing
eines ERP-Systems   63
   Gamal Kassem

IT-Softwarearchitektur mit integrativen Konzepten strukturiert planen   75
   André Scholz

TECHNIK   81

Request-Response-Evaluation Infrastructure for trusted Web Service-based
ERP systems   83
   Nico Brehm, Jorge Marx Gómez, Hermann Strack

Datenbanktechnologie heute   95
   Michael Höding

Barrierefreiheit und Webstandards - Kugelsicheres Webdesign
der Zukunft   109
   Stefan Breitenfeld

ANWENDUNGEN 133

eCl@ss-Releasewechselprozess der Volkswagen AG 135
Jubran Rajub, Sebastian Tietz

Zur Prognose von Chartplatzierungen im deutschen Musikbereich 147
Dirk Dreschel

Bisherige Publikationen aus der Reihe „Magdeburger Schriften zur Wirtschaftsinformatik" 159

Vorwort

Anlass für dieses in seiner Form eher ungewöhnlichen Sammelbands ist das 10-jährige Bestehen der Arbeitsgruppe Wirtschaftsinformatik an der Otto-von-Guericke-Universität Magdeburg. Anstelle des sonst oftmals gängigen Rückblicks auf vergangene Heldentaten (d. h. der Aufzählung abgeschlossener Projekte, Zählung der Publikationen und Huldigung der Weggefährten), ist hier der Blick hier nach vorn gerichtet. Spannender als das, was gewesen ist, ist doch das, was noch kommt – oder nicht? Außerdem: Was sind schon 10 Jahre, wenn noch 20 Jahre vor einem liegen?

So entstand die Idee, ein Buch zu publizieren, was das, was sonst eher den meist lustlos geschiebenen Abschluss einer wissenschaftlichen Arbeit ausmacht, in den Vordergrund stellt: das Kapitel „Ausblick". Mit der Idee allein ist es aber nicht allein getan, denn irgendjemand muss ja auch noch schreiben. Und so ging eine E-Mail mit folgendem Wunsch an die ehemaligen Habilitanden, Doktoranden und Mitarbeiter:

„[…] Jede(r) von Euch wird gebeten, zum Thema „Die Zukunft der Anwendungssoftware – die Anwendungssoftware der Zukunft" bis zum 30. April 2007 eine Ausarbeitung einzureichen (ca. 10 bis 20 Seiten), wobei die Beiträge in einem Sammelband publiziert werden. Der Beitrag sollte einerseits den Anforderungen einer wissenschaftlichen Publikation entsprechen, darf andererseits aber auch subjektive Einschätzungen und Visionen enthalten. […]".

Das war ein durchaus gewagtes Unterfangen, da die ehemaligen Qualifikanden sich naturgemäß in alle Himmelsrichtungen verstreut haben. Eine erstaunlich große Anzahl ist dem akademischen Bereich treu geblieben, andere sind zu zahlungskräftigen Arbeitgebern vor allem in Westdeutschland gegangen. Im Ergebnis zeigt sich, dass trotz der teilweise langen Zeit, die seit der Beschäftigung an der Universität Magdeburg vergangen ist, der Wunsch nicht ungehört verhallte. So liegt nun ein Werk vor, das durch thematische Vielfalt und auch teilweise unkonventionelle Ideen besticht.

Allen Autoren sei an dieser Stelle für ihre Opferbereitschaft gedankt, die mit der Ausarbeitung eines solchen Beitrags verbunden ist. Es ist schon eine bemerkenswerte Leistung, einen Beitrag zu schreiben, wenn man einerseits schon etwas aus der Übung ist und andererseits ja auch noch durch eine Hauptbeschäftigung gebunden ist. Besonderer Dank gilt auch Herrn Niko Zenker, der die Beiträge gesammelt und editiert hat.

Ich wünsche allen Lesern eine anregende und spannende Lektüre.

Claus Rautenstrauch, im Mai 2007

Architekten, Landschaftspfleger und Kulturingenieure – neue Aufgabenfelder für Wirtschaftsinformatiker

Claus Rautenstrauch
Otto-von-Guericke-Universität Magdeburg
Fakultät für Informatik (FIN/ITI)
Arbeitsgruppe Wirtschaftsinformatik
Postfach 4120
D-39016 Magdeburg
rauten@ovgu.de

Abstract: Dieser Beitrag zeigt – etwas quergedacht – neu Aufgabenfelder für Wirtschaftsinformatiker in Wissenschaft und Praxis auf. Ausgehend vom Begriff der VLBA (Very Large Business Application) wird gezeigt, dass der Entwurf von Systemarchitektur, die Industrialisierung des Rechenzentrumbetriebs und die Fokussierung auf den Human Factor richtungsweisende Themengebiete für die (nahe) Zukunft sind.

Keywords: VLBA, System Landscape Engineering, Rechenzentrum, Human Factor.

1 Anforderungen an Betriebliche Anwendungssysteme

Die gute alte Zeit ist noch gar nicht solange her. Wenn man eine neue Software brauchte, lies man sich diese von einem Softwarehaus entwickeln oder kaufte sie von der Stange, schob den Datenträger in das Laufwerk, lies die Installationsprozedur ablaufen und setzte sie produktiv ein. So verhökerten z. B. in den 80er Jahren viele Softwarehersteller Finanzbuchhaltungen für kleine und mittlere Unternehmen auf einschlägigen Messen wie die Fischverkäufer auf dem Wochenmarkt. Bei den Großunternehmen ging es in der Form etwas gesitteter zu, in der Sache verlief es aber ähnlich. Das Ergebnis ist bekannt: Insellösungen halfen bei der Bewältigung isolierter Aufgaben, aber – und das ist spätstens seit der Veröffentlichung von Scheer's Unternehmensdatenmodell klar (Scheer 1988) – faktisch gibt es kaum isolierte Bereiche in Unternehmen.

Logische Konsequenz war die Forderung nach betrieblichen *integrierten* Informationssystemen und dieser Forderung kamen – allen voran die SAP® AG – die Softwarehersteller nach. Die 90er Jahre sind durch einen beispiellosen Siegeszug von ERP-Systemen gekennzeichnet (Rautenstrauch/Schulze 2003), die ihren Erfolg vor allem der Tatsache verdanken, dass man Integration von der Stange kaufen konnte. Individuallösungen sind vergleichsweise teuer und risikobehaftet, aber man braucht sie vor allem dort, wo individuelle Prozesse Wettbewerbsvorteile schaffen. So manch ein Unternehmen musste leidvoll zur Kenntnis nehmen, dass ein Niederbügeln von individuellen Prozessen oder ein gewaltsames Verbiegen von Standardsoftware durch exzessives Customizing wenig zielführend ist. Auch diese Erkenntnis ging nicht spurlos an den Standardsoftwareherstellern vorbei und sie öffneten ihre Systeme (schweren Herzens?!) für die Integration von Fremdsystemen. Getreu dem Motto vom „Make or Buy" zum „Make and Buy" (Kurbel u. a. 1994) enststanden nun Systemlandschaften aus Standard- und Individualsoftware und damit gleich das nächste Problem, was sich leicht mathematisch erklären lässt.

Hat man n Systeme, die alle miteinander über individuelle Schnittstellen verbunden werden müssen, braucht man n x (n-1) Schnittstellen. Auch wenn sich ein exponentielles Wachstum von Schnittstellen durch Standardisierung zumindest partiell verhindern lässt, werden Schnittstellen zunehmend als Problem wahrgenommen. Das aus dem Software Engineering altbekannte Phänomen der Spagetti-Programmierung überträgt sich nun auf die höhere Ebene der Spagetti-Integration von Anwendungssystemen (Herden u. a. 2006).

Ein möglicher Lösungsansatz ist die Schaffung eines betrieblichen Universalanwendungssystems, in dem alle Funktionen eines Unternehmens, gleich ob sie Standard- oder Individualfunktionen sind, gebündelt werden. Damit ist das Phänomen des Schnittstellenmanagements vom Tisch, allerdings handelt man sich erhebliche Betriebs- und Wartungsprobleme mit solchen Softwaremonstern ein.

Am anderen Ende der Lösungsskala steht die Idee der Komponentenorientierung (Turowski 2003), bei der im Idealfall betriebliche Anwendungssysteme durch das (einfache?!) Zusammenstecken von Softwarekomponenten ähnlich dem Prinzip der Legosteine komponiert werden. Diese bestechende Idee scheitert in der Praxis an der problematischen Standardisierung. Während eine technische Standardisierung der Komponentenschnittstellen noch realistisch erscheint, ist eine vollständige Standardisierung der betriebswirtschaftlichen Funktionen außer Sicht- und Reichweite.

Aber damit nicht genug: Als weitere Verschärfung macht die Integration inzwischen nicht mehr vor den Unternehmensgrenzen halt. Konzepte wie das Supply Chain oder Partner Relationship Management fordern die über- und zwischenbetriebliche Integration von betrieblichen Anwendungssystemen – und das oftmals über Landes- und Kulturgrenzen hinweg.

2 Very Large Business Applications

Betriebliche Anwendungssysteme, die diesen gesteigerten Anforderungen gerecht werden, sind *Very Large Business Applications* (VLBAs), die durch folgende Eigenschaften gekennzeichnet sind (Grabski u. a. 2007):

1. Eine VLBA unterstützt einen oder mehrere Prozesse, wobei mindestens einer ein Geschäftsprozess ist. Eine VLBA ist demnach direkt erfolgswirksam. Damit ist die strategische Abhängigkeit der Organisation vom Einsatz einer VLBA zu erkennen, denn eine Abkehr oder Änderung des Systems ist mit großem finanziellen, personellen und organisatorischen Aufwand verbunden.
2. Eine VLBA besitzt keine räumlichen, organisatorischen, kulturellen oder technischen Beschränkungen.
3. VLBAs können sowohl durch Anwendungssysteme wie auch Systemlandschaften implementiert sein. Entscheidend ist, dass sie einen (unternehmensübergreifenden) Geschäftsprozess unterstützen.

Da es weder Sinn macht, Softwaremonster zu bauen noch VLBAs durch Zusammenstecken von feingranularen Softwarekomponenten zu erzeugen, liegt die Architektur einer VLBA „irgendwo" in dem Kontinuum dazwischen.

3 Entwurf und Konstruktion (der Architekt)

VLBAs sind komplexe und komplizierte Gebilde. Sie bestehen aus einem Verbund von verschiedenartigen Softwareartefakten, wobei die VLBA trotz ihrer komplexen internen Struktur dem Nutzer als Gesamtwerk erscheint. Insbesondere Service-orientierte Architekturen bilden die Grundlage für VLBAs. Dabei drängt sich der Analogieschluss zu Gebäuden auf, die ebenfalls komplexe Gebilde aus sehr unterschiedlichen Komponenten sind, aber dennoch als Ganze wahrgenommen und genutzt werden.

Der Entstehungsprozess eines Gebäudes beginnt mit dem Entwurf seiner Architektur. *Architekturen* beschreiben den strukturellen Aufbau einer Sache. Die Architektur eines Gebäudes wird entworfen, wobei das erste Ergebnis eine ganzheitliche Sicht auf das Gebäude darstellt. Das *Entwerfen* ist eine zielgerichtete geistige und schöpferische Leistung, als Vorbereitung eines später daraus zu entwickelnden Gegenstandes. Der Entwurf ist das erste Bild eines geistigen Gebildes. Die weitere Vorgehensweise unterliegt einem *Konstruktionsprozess*, dessen Prozessobjekt ein Modell darstellt, das innerhalb der Funktionsfolge eine wesensgestaltende Veränderung des Zustands erfährt. Verlaufen diese Zustandsänderungen vom Groben zum Feinen, wird von einer *ingenieurmäßigen Vorgehensweise* gesprochen. Auch wenn Entwurf und Konstruktion in der Informatik in der Regel synonymisch verwendet werden, sind diese Begriffe wohl zu unterscheiden. Während Entwerfen ein hochgradig kreativer und oftmals sogar künstlerischer Prozess ist, besteht die Konstruktion in der Anwendung von Techniken im Sinne von Handlungsmustern, in der alle Ideen, Überlegungen, Prinzipien, Berechnungen und Verfahren, welche die Funktion eines technischen Produkts (einer Maschine oder eines Bauwerks) gewährleisten, zusammengefasst werden. Während ingenieurmäßige Methoden in Informatik und Wirtschaftsinformatik flächendeckend propagiert werden, sind intuitiv künstlerische Kreativtechniken eher verpönt, auch wenn ein bahnbrechendes Werk aus der Frühzeit der Informatik den Titel „The Art of Computer Programming" trägt (Knuth 1997). Daher wird hier auf die Rückbesinnung zu Kreativität und Intuition plädiert. Eine Konstruktionslehre, wie sie z. B. von *Overhage*, *Turowski*, *Patig* und *Scholz* in diesem Band gefordert und beschrieben wird, muss demnach um eine „Entwurfslehre" ergänzt werden. Ansätze für eine Entwurfslehre sind durchaus vorhanden wie etwa der sprachkritische Ansatz (Ortner 1997) oder Entwicklungsmuster (Möhrle 2005).

Für VLBAs ist aufgrund ihrer Komplexität und Bedeutsamkeit für das Funktionieren unternehmensübergreifender Geschäftsprozesse ein akkurater Architekturentwurf unabdingbar. Hierfür fehlen bisher sowohl die notwendigen Kreativtechniken als auch (semi-) formalen Beschreibungsmittel, was im Beitrag von *Brehm* und *Marx Gómez*, aber auch z. B. in (Herden et al. 2006) deutlich wird, ohne dass dies den Autoren zum Vorwurf gemacht werden kann. Systemarchitekturen werden heute sowohl „irgendwie" entworfen als auch dargestellt, letzteres durch „wilde" Kästchenschemata.

Da VLBAs durch Landschaften integrierter Anwendungssysteme implementiert werden, sind für die ihren Entwurf die Disziplinen *System Landscape Design* und für ihre Konstruktion *System Landscape Engineering* zu entwickeln und methodisch zu untersetzen.

4 Betrieb von VLBAs (der Landschaftspfleger)

Anwendungssysteme, die Teil einer VLBA und damit auch einer Systemlandschaft sind, müssen sowohl hochverfügbar als auch hochperformant arbeiten, da unter Verfügbarkeits- oder Performanceschwächen alle beteiligten Anwendungen und deren nutzende Unternehmen beeinträchtigt werden. Hinzu kommen die steigenden Compliance-Anforderungen (siehe Beitrag von *Abel* in diesem Band), welche hohe Anforderungen an die Nachvollziehbarkeit von Prozessen stellen (Knolmayer 2007).

Die Anforderungen an Hochverfügbarkeit, Performance und Compliance lassen sich durch Rechenzentrumstechnologien erfüllen. Für Rechenzentren gilt auch das von *Patig* gewählte Motto „Totgesagte leben länger". Während die Scientific Community das Thema Rechenzentrum ausgehend von der hartnäckig vertretenen aber dennoch irrigen These, dass Großrechner durch Netze von kleinen verteilten (Unix-)Systemen verdrängt werden, fast vollständig ignoriert, sind in der industriellen Praxis Rechenzentren auf einem konsequenten Wachstumspfad.

Betrachtet man den Entwicklungspfad von Rechenzentren, dann zeigt sich ein deutlicher Wandel der Geschäftsmodelle. Waren Rechenzentren zunächst Ressourcenverkäufer, bei denen man CPU-Zeit und Speicherplatz (Space) kaufen konnte, sind sie heute Betreiber von Anwendungssystemen (Application Service Provider). Kunden zahlen für die Nutzung von Anwendungsystemen wie z. B. SAP ERP®, wobei das gesamte Betriebsrisiko auf die Rechenzentren abgewälzt wird. Service Level Agreements (SLAs) regeln die Leistungsparameter und Dienstgüten der angebotenen Systeme (Scholz/Turowski 2000). Es ist Sache des Rechenzentrumbetreibers, auf welchen Basissystemlandschaften (Hardware, Netze, Betriebssysteme, Datenbanksysteme etc.) das Anwendungssystem betrieben wird, solange das SLA erfüllt wird. Damit ist die Infrastruktur gegenüber dem Kunden abstrahiert.

Der nächste Schritt ist die weitere Abstraktion zum Business Process Outsourcing. Hierbei betreibt das Rechenzentrum einen Geschäftsprozess zum Festpreis für den Kunden. Auf dieser Stufe ist es dann Sache des Rechenzentrums, mit welchen Anwendungssystemen bzw. Anwendungssystemlandschaften der Geschäftsprozess realisiert wird. Der nutzt seine Geschäftsprozesse über Portale, die ihm eine vereinheitliche Anwendungsschicht bereitstellen, sodass ihm die unterliegende Systemlandschaft wie eine homogene Anwendung erscheint.

Die Systembetreiber erreichen Kostenvorteile durch einen möglichst effizienten Systembetrieb. Allerdings ist der Betrieb von Rechenzentren heute vielfach ereignisgetrieben organisiert. Die Betreiber reagieren in der Regel ad hoc auf Kundenbedarfe und bauen je nach Anforderung Systeme auf bzw. ggf. auch wieder ab. Typische Szenarien sind folgende:

1. Ein Neukunde kommt hinzu. Für ihn wird ein neuer Rechner gesizt, beschafft, in Betrieb genommen und sein System darauf installiert und betrieben. Diese Vorgehensweise ist beim Aufbau neuer Rechenzentren durchaus angemessen und relativ einfach hand zu haben, führt aber ab einer gewissen Größe des Rechenzentrums zu erheblichem Ressourcenverschnitt.

2. Eine Platte ist defekt. Der Kundendienst wird angerufen, eine neue Platte herbeigeschafft, eingebaut und in Betrieb genommen. Auch hier ist die Vorgehensweise ist zu einer gewissen Größe des Rechenzentrums sinnvoll, allerdings zeigt sich bei großen Rechenzentren, dass Platten Verbrauchsmaterialien sind, trotzdem aber nicht so gehandhabt werden.

Eine offensichtlich passende Metapher ist, dass Rechenzentren ab einer gewissen Größe den Wandel vom Handwerks- zum Industriebetrieb durchlaufen müssen, diesen Wandel jedoch nicht, zu spät oder nur partiell durchlaufen. Es fehlt sowohl an Konzepten für ein strukturiertes Change Management als auch an industriellen Betriebskonzepten für Rechenzentren.

Die Technologien für die Industrialisierung des Rechenzentrumsbetriebs sind bereits verfügbar:

- *Virtualisierung* beschreibt die Abstraktion von Ressourcen in einer IT-Umgebung, wobei der Begriff Ressourcen sowohl für physische, logische oder Software-Komponenten stehen kann.
- *Grid Computing* bezeichnet eine Infrastruktur, die eine integrierte, gemeinschaftliche Verwendung von meist geographisch auseinander liegenden, autonomen Ressourcen erlaubt.
- *Adaptive Computing* ist ein Betriebskonzept zum Einsatz von Ressourcen in Rechenzentrumsumgebungen. Es beinhaltet die flexible Zuordnung von verfügbaren physischen Computing Ressourcen an Applikationen und Dienste, wobei die Resourcenzuordnung in der Regel auf den prognostizierten Lastprofilen basiert.

Neben den technischen gibt es auch konzeptionelle Grundlagen für die Industrialisierung des Rechenzentrumsbetrieb. Das Integrierte Informationsmanagement (IIM) sieht ein Rechenzentrum als Produktionsbetrieb an, der nach den Maßgaben der Produktionsplanung und -steuerung (PPS) gemanagt werden muss (Zarnekow u. a. 2005). Allerdings sind die Konzepte des IIM auf der strategischen und taktischen Ebene angesiedelt.

Für das ressourceneffiziente Management von Systemlandschaften mit VLBAs (Landschaftspflege!) ist eine Übertragung von Konzepten der operativen PPS auf das Rechenzentrumsmanagement erforderlich (Rautenstrauch/Siegling 2007). Wird ein Rechenzentrum als Produktionsbetrieb gemanagt (*System Landscape Management*), dann wird der gesamte Lebenszyklus einer VLBA systematisch und effizient implementiert.

5 Faktor Mensch (der Kulturingenieur)

Der Faktor Mensch wird von den meisten technikorientierten (Wirtschafts-)Informatikern gerne aus dem Bewusstsein verdrängt. Und wenn er beachtet wird, dann als zu beseitigender Störfaktor, denn der Mensch ist

- teuer
- langsam und
- eine Fehlerquelle.

Drei gute Gründe, den Mensch als Feindbild einer blühenden Systemlandschaft zu eliminieren – oder? Ganz so ist es nicht, denn „Robots don't make suggestions", wie Robert Pine III, Erfinder der Mass Customization, einmal treffend bemerkte. Der Faktor Mensch kommt immer dann sinnvoll ins Spiel, wenn Kreativität und *echte* Intelligenz gefordert sind.

Kreativität und Intelligenz können durchaus nützlich sein, wenn es z. B. darum geht, in ERP-Systemen schlecht implementierte Workflows in der Systemnutzung zu umschiffen. Leider ist aber auch der umgekehrte Fall möglich, wenn fehlgeleitete Kreativität zu einer ineffizienten Abarbeitung von Workflows führt. In beiden Fällen ist Ursachenforschung sinnvoll, wobei die Problemerkennung im ersten Fall ein Redesign der Workflows und des Customizings und im zweiten Fall eine Benutzerschulung zur Folge haben sollte. Mittel zur Ursachenforschung ist das Application Usage Mining (AUM), das im Beitrag von *Kassem* dargestellt wird. Werden die Ergebnisse des AUM in ein (automatisiertes) Re-Customizing überführt, steigt die Usability der Systeme und damit auch deren Akzeptanz, was eine wesentliche Voraussetzung für die flächendeckende und erfolgreiche Nutzung von VLBAs darstellt.

„Benutzerschulung" hört sich harmlos an, dahinter verbirgt sich aber ebenfalls ein neuartiges Problem. Reichte es es früher aus, spartenorientierte Partialkenntnisse von komplexen VLBAs zu haben, müssen im Zeitalter der Geschäftsprozessorientierung Systeme in ihrer integrierten Gesamtheit verstanden werden. Die Kernaufgabe lautet: Wie lehrt man Integration? Diese Fragestellung berührt nicht nur die betriebliche Praxis, sondern auch die Hochschulausbildung. Eine Ausbildung, in der im Übungsbetrieb zur Controlling-Vorlesung die CO-Komponente, zur Produktionswirtschaftsvorlesung die MM- und PP-Komponenten usw. einer SAP-ERP-Lösung bearbeitet werden, wird Anforderungen einer zeitgemäßen Ausbildung nicht mehr gerecht. Zum einen müssen neu Lehr- und Lernverfahren entwickelt und eingeführt werden („*Teaching Integration*") , zum anderen müssen verschiedene Lehreinheiten miteinander verwoben werden können („Integrated Teaching") (Rautenstrauch/Weidner 2006).

Die Grenzenlosigkeit als Kerneigenschaft von VLBAs trägt noch ein weiteres Problem in den Sichtkreis von Systementwicklung und -management: den Umgang mit verschiedenen Kulturen. Es ist für technologisch orientierte Wissenschaftler ist es selbstverständlich, dass Computer überall auf der Welt in gleicher Weise funktionieren, bei Menschen ist dies jedoch anders. Hofstede definiert Kultur in seinem Buch „Cultural Consequences" wie folgt: „[Kultur] ist die kollektive Programmierung des Geistes, die die Mitglieder einer Gruppe oder Kategorie von Menschen von einer anderen unterscheidet" (Hofstede 2001). Seine „kollektive Programmierung" ist als Analogie zu der Programmierung eines Computers zu sehen, wobei die Quelle der mentalen Programme im sozialen Umfeld liegt. Die kulturelle Prägung schafft im menschlichen Geist ein Axiomensystem, von dem aus Schlüsse gezogen werden. Die sind von Kulturkreis zu Kulturkreis unterschiedlich. Sagt beispielsweise jemand „Du bist für mich wie ein Bruder" im westlichen

Kulturkreis, dass man auf gleicher Augenhöhe ist, sich gegenseitig vertrauen kann usw. In einem auf der Vorstellung des Patriarchats folgenden Kulturkreis wie etwa der Arabischen Welt ist die Schlussfolgerung aus dieser Aussage eher „Ich bin Dein großer Bruder", woraus sich die Schlussfolgerungen ergeben, dass der „große Bruder" auf den anderen aufpasst, was aber in westlchen Kulturen als Bevormundung empfunden wird.

Der Umgang mit Kultur wird im Zeichen der Globalisierung zu einem Ernst zu nehmenden Erfolgsfaktor. Dies betrifft zum einem die Durchführung von Entwicklungsprojekten mit international verteilten Teams (Winkler u. a. 2007), zum anderen aber auch die Systemgestaltung und -nutzung.

Hofstede hat sogenannte Kulturdimensionen herausgearbeitet, von denen eine die Machtdistanz ist. Diese beinflusst den Umgang mit Informationen (insbesondere ihre Verbreitung und Darstellung) Dies liegt begründet in dem unterschiedlichen Umgang der Menschen miteinander; ein verstärktes Bewusstsein der Ungleichheit wirkt sich auch auf die IT-Systeme in Unternehmen aus.

Wie dieses Beispiel zeigt, muss die Kultur in Entwurf, Konstruktion und Management von Anwendungssystemen mit berücksichtigt werden.

6 Zusammenfassung

Dieser Beitrag stellt drei Hypothesen zu möglichen zukünftigen Aufgaben für Wirtschaftsinformatiker auf. Sie werden aus den Anforderungen an sehr große, integrierte und verteilte Anwendungssysteme hergeleitet. Die Hypothesen sind folgende:

1. Die Prinzipien des Software Engineering müssen auf die Ebene der Systemlandschaften erhoben werden. Eine rein ingenieurmäßige Vorgehensweise reicht allerdings nicht aus, da der Architekturentwurf eine kreative Gestaltungsaufgabe ist. Hier entsteht die neue Aufgabe des System- und Landschaftsarchitekten.

2. Systemlandschaften müssen mit hoher Verfügbarkeit, Performance und Compliance betrieben werden. Rechenzentren sind ideale Betriebsumgebungen, werden bislang von der Wissenschaft eher als Randerscheinung angesehen. Mit Virtualisierung, Grid und Adaptive Computing sind die Voraussetzungen für einen industriellen Betrieb von Rechenzentren verfügbar. Aufgabe des Landschaftspflegers ist die Pflege von komplexen Systemlandschaften in industriellen Rechenzentrumsumgebungen.

3. Systemlandschaften stellen erhöht Anforderungen an den Faktor Mensch. Diese betreffen den Umgang mit Systemen und die Ausbildung. Durch die Globalisierung der IT werden Menschen aus verschiedenen Kulturen an System-

wicklung und -betrieb beteiligt. Der Human Factor muss daher in allen Phasen des Lebenszyklusses berücksichtigt werden – eine Aufgabe für den Kulturingenieur.

Diese Auflistung ist mit Sicherheit nicht vollständig, zeigt aber, dass es noch viele spannende Aufgaben für Wissenschaft und Praxis in der Wirtschaftsinformatik gibt.

Literatur

Grabski, B., Günther, S., Herden, S., Krüger, L., Rautenstrauch, C., Zwanziger, A.(2007): Very Large Business Applications. Akzeptierter Beitrag für Informatik Spektrum.

Herden, S., Marx Gomez, J., Rautenstrauch, C., Zwanziger, A. (2006): Software-Architekturen für das E-Business. Berlin, Heidelberg u. a.

Hofstede, G. (2001): Cultures's consequences: Comparing values, behaviours, institutions, and organizations across nations. 2. Aufl., London, New Delhi.

Knuth, D. E. (1997): The Art of Computer Programming Vol. 1-3. Reading (Mass.) u. a.

Knolmayer, G. F. (2007): Compliance-Nachweise bei Outsourcing von IT-Aufgaben. In: Wirtschaftsinformatik (49) Sonderheft, S. 98-106.

Kurbel, K., Rautenstrauch, C., Opitz, B., Scheuch, R. (1994): From „Make or Buy" to „Make and Buy": Tailoring Information Systems Through Integration Engineering. Journal of Database Management (5) 3, pp. 18-30.

Möhrle, M. G. (2005): TRIZ-basiertes Technologie-Roadmapping. In: Möhrle, M. G., Isenmann, R. (Hrsg.) (2005): Technolgie-Roadmapping. Berlin, Heidelberg u. a., S. 185-203.

Ortner, E. (1997) Methodenneutraler Fachentwurf. Stuttgart.

Rautenstauch, C., Schulze, T. (2003): Informatik für Wirtschaftswissenschaftler und Wirtschaftsinformatiker. Berlin, Heidelberg u. a.

Rautenstrauch, C., Siegling, A. (2007): Applying Methods of Production Planning and Control in Computer Centre Management – First Approaches. Acceped Paper at GITMA 2007, Naples (Italy).

Rautenstrauch, C., Weidner, S. (2006): Integrated Teaching: Case Study. In: Proceedings of the seventh Annual Global Information Technology Management World Conference: June 11, 12 & 13, 2006 , Orlando, Florida, USA. - Greensboro : GITMA, S. 167-170.

Scheer, A.-W. (1988): Wirtschaftsinformatik. 1. Aufl., Berlin, Heidelberg.

Scholz, A., Turowski, K. (2000): Service Level Management of Performance Requirements. In: van Bon (ed.): World Class IT Service Management Guide. Hague, pp. 249-256.

Turowski, K. (2003): Fachkomponenten. Aachen

Winkler, J., Dibbern, J., Heinzl, A. (2007): Der Einfluss kultureller Unterschied beim IT-Offshoring - Ergebnisse aus Fallstudien zu deutsch-indischen Anwendungsentwicklungsprojekten. In: Wirtschaftsinformatik (49) 2, S. 95-103.

Zarnekow, R., Brenner, W., Pilgram, U. (2005): Integriertes Informationsmanagement: Strategien und Lösungen für das Management von IT-Dienstleistungen. Berlin, Heidelberg u.a.

Methodik

Modellierung statt Programmierung? Model-Driven Architecture® für betriebliche Anwendungssysteme

Susanne Patig

Hasso-Plattner-Institut für Softwaresystemtechnik gGmbH
Fachgebiet Enterprise Platform and Integration Concepts (EPIC)
Prof.-Dr.-Helmert-Straße 2-3, D-14482 Potsdam
E-Mail: susanne.patig@hpi.uni-potsdam.de

Abstract: Die Model-Driven Architecture® (MDA®) vollzieht Systementwicklung als das Erstellen und Transformieren von Modellen unter Verwendung von Standards. Ziele der MDA sind Portabilität, Interoperabilität und Wiederverwendung, nicht unbedingt die Generierung von Quellcode. Mit den gleichen Zielen setzen sich serviceorientierte Architekturen für betriebliche Anwendungssysteme immer mehr durch; Entwicklungsunterstützung durch MDA liegt also nahe. Die Grundidee der MDA, Abstraktion bei der Systementwicklung, hat eine lange Tradition in der Programmierung und der konzeptuellen Modellierung. Dies lässt, zusammen mit der Standardisierung, vermuten, dass die MDA mehr als eine Modeerscheinung ist.

Keywords: Modellgetriebene Systementwicklung, Abstraktion, MDA, Serviceorientierte Architekturen

1 Totgesagte leben länger?

Die Idee, nur zu modellieren und das Programmieren dem ‚Computer' zu überlassen, ist nicht neu und schien gestorben: Anfang der 1990er Jahre entstanden Werkzeuge für das *Computer-Aided Software Engineering (CASE)*, die aus grafischen Modellen Quellcode generieren (s. Abschnitt 3.1). Die Anzahl dieser Werkzeuge ist immer noch groß (vgl. http://www.softguide.de/software/case.htm), im Gegensatz zur Zahl ihrer Befürworter - denn inzwischen gilt CASE als zu teuer, zu proprietär und zu inflexibel [StVö05, 12].

Auch für betriebliche Anwendungssysteme werden schon länger Modelle verwendet: Der Auftritt von Hasso Plattner und Klaus Besier im Jahr 1993 mit den Referenzmodellfaltplänen des Systems SAP® R/3® wird als „... erster Höherpunkt der Referenzmodellierungspraxis ..." [FeLo04, 331] gefeiert. Der Business Navigator zeigte diese Modelle später elektronisch im System SAP[1] R/3 an, nur verschwand er schleichend: erst aus dem Navigationspfad, dann wurde der Transaktionscode deaktiviert und schließlich 2003 durch den SAP Solution Manager ersetzt (SAP-Note[2] 603750). Der Solution Manager enthält nur noch ausgewählte SAP Referenzmodelle (die für Logistik und Finanzwesen) und verwendet auch nicht mehr die ereignisgesteuerten Prozessketten, sondern Komponentensichtdiagramme (SAP-Note 644651). In der Geschichte der SAP AG wird die (Referenz-) Modellierung nicht wie andere technische Details (z. B. die Client-Server-Architektur) erwähnt, vermutlich – weil sie keine derart wichtige Rolle spielt. Plausibel wird dies bei einer chronologischen Betrachtung: Das System SAP R/3 wurde seit 1987 entwickelt und 1991 erstmals auf der CeBit vorgestellt, die Modelle hingegen erst 1993 [SAP07] – als ‚hübsche‘, nachträgliche Dokumentation.

Die Model-Driven Architecture (MDA®) stellt Modelle an den *Anfang* der Entwicklung jeder Art von Software. Zukünftig wird die MDA auch bestimmen, wie betriebliche Anwendungssysteme entwickelt werden. Ziel des vorliegenden Beitrags ist es, diese Behauptung zu begründen.

Abschnitt 2 erläutert die neuen Ideen der modellgetriebenen Systementwicklung. Sie sind mehr als die ‚Wiederbelebung Verstorbener‘ und trotzdem tief verwurzelt in der Informatik (s. Abschnitt 3). Warum diese neuen Ideen gerade jetzt das Potenzial haben, die Art zu verändern, wie betriebliche Anwendungssysteme entwickelt werden, erklärt Abschnitt 4.

2 Modellgetriebene Systementwicklung
2.1 Modelle in der Systementwicklung

Die *Model-Driven Architecture* (MDA) will Softwaresysteme auf der Grundlage von Modellen entwickeln. Bevor Abschnitt 2.2 zeigt, was das Spezielle an MDA ist, geht es hier um das zugrunde liegende generelle Prinzip: die Erhöhung des Abstraktionsniveaus, auf dem Softwaresysteme entwickelt werden ([Fran03, 12], [HaTa06, 451]). Dabei bedeutet *Abstraktion* die Unterdrückung der Details, die für den verfolgten Zweck irrelevant sind [OMG01, 4]. Modelle sind ein Mittel, um zu abstrahieren.

Der Begriff ‚Modell‘ wird in den verschiedenen Wissenschaftsdisziplinen unterschiedlich definiert ([Eich79], [Zsch95]). Die modellgetriebene Systementwick-

---

[1] Namen von Produkten und Dienstleistungen sind – auch ohne explizite Kennzeichnungen - Marken oder eingetragene Marken der jeweiligen Firmen oder Konsortien.
[2] SAP-Notes sind für SAP-Kunden unter http://service.sap.com einsehbar.

lung[3] beruht auf realwissenschaftlichen[4] Modellen: Ein *Modell* ist somit etwas, das in irgendeiner Beziehung zu etwas Anderem steht, sich von diesem Anderen unterscheidet (in Detaillierungsgrad, Größe, Material etc.) und teilweise an dessen Stelle verwendet werden kann (z. B. für Berechnungen, Tests) [Klep+03, 15].

(Realwissenschaftliche) Modelle in der Informatik sind sprachliche ‚Gebilde', also *Beschreibungen* [Klep+03, 16]. In der Regel werden diese Beschreibungen nicht in der natürlichen, sondern in einer künstlichen (konstruierten) Sprache erzeugt. Diese Sprache heißt *Modellierungssprache*. Der Unterschied zwischen Modellierungs- und Programmiersprache ergibt sich aus der Sprachdefinition[5]: Die Bedeutung, die verknüpften Konstrukten einer Programmiersprache zugeordnet ist, besteht darin, etwas auszuführen, d. h. Maschinenzustände zu ändern. Die Bedeutung von Konstruktverknüpfungen einer Modellierungssprache hingegen ändert nichts, sondern trifft (wahre oder falsche) Aussagen über etwas. Da künstliche Sprachen beliebig definierbar sind, kann einer Modellierungssprache (zusätzlich) eine ausführbare Bedeutung zugeordnet werden – z. B. die *Action Semantics* für die *Unified Modeling Language^{TM} (UML®)* [StVö05, 380 ff.] – sodass die Grenze zwischen Modellierungs- und Programmiersprache verschwimmt.

Modelle im Umfeld der Systementwicklung beschreiben entweder den Ausschnitt eines Anwendungsgebiets (*Domänenmodelle*) oder ein Softwaresystem (*Systemmodelle*) [Fran03, 192]. Modelle, die sich auf Strukturen oder Abläufe in Unternehmen beziehen, gehören zu den Domänenmodellen. Solche Domänenmodelle sind unabhängig davon, ob Softwaresysteme die Strukturen und Abläufe unterstützen oder nicht.

Existierende oder zu entwickelnde Softwaresysteme lassen sich selbst ebenfalls beschreiben. Typische Beschreibungsinhalte sind die Anforderungen, die das Softwaresystem erfüllen muss, die Komponenten, aus denen es besteht, deren Funktionen sowie die Interaktion zwischen den Komponenten [Hess+06, 398].

Arbeitet die Systementwicklung mit Modellen, so kann dies entweder modellbasiert oder modellgetrieben geschehen: In der *modellbasierten Systementwicklung* beschreiben die Modelle vor allem die Struktur und die Funktionen des Softwaresystems (seltener Abläufe) und werden z. T. erst *nach* der Implementierung erstellt. Wird doch zuerst modelliert, dann stehen die Modelle nur in loser gedanklicher Verbindung zum Quellcode, den ein Entwickler später auf der Grundlage der Modelle implementiert [StVö05, 15]. Modelle dienen also vorrangig der Do-

---

[3] Da dieser Artikel nur die Entwicklung von Softwaresystemen behandelt, entfällt der Zusatz ‚Software' im Folgenden.

[4] Zum Begriff des ‚Modells' in den Formalwissenschaften vgl. [Herm91, 22].

[5] *Sprachdefinitionen* (s. Abschnitt 2.2) legen fest, welche Konstrukte existieren, wie diese Konstrukte verknüpft werden dürfen und welche Bedeutung die verknüpften Konstrukte besitzen.

kumentation des Softwaresystems und der Kommunikation zwischen den Personen, die an der Systementwicklung beteiligt sind [Klep+03, 3].

Die *modellgetriebene Systementwicklung* (Model-driven Development [MDD] [HaTa06, 452], Model-driven Software Development [MDSD] [StVö05, 3]) modelliert immer *vor* der Implementierung. Die Dokumentation durch Modelle ist hier ein sekundäres Ziel, im Vordergrund stehen die Steigerung der Effizienz, der Softwarequalität und der Wiederverwendbarkeit durch die automatische Transformation von Modellen - bis hin zu Quellcode (*Generierung*) [StVö03, 14].

Hintergrund dieser Ziele ist die gestiegene Komplexität beim Entwickeln von Anwendungssystemen: Anwendungsserver, Datenbanken, Open-Source-Frameworks, Protokolle, Schnittstellentechnologien usw. müssen eingesetzt und aufeinander abgestimmt werden. Folglich besteht der Quellcode eines Anwendungssystems nicht nur aus Fachlogik, sondern auch aus technischem Code, der erforderlich ist, um die Software-Infrastruktur zu nutzen (z. B. Home- und Remote-Interfaces, Bean-Klassen, Deskriptoren etc. bei J2EE^{TM}). Im Bereich des E-Business gibt es Anwendungssysteme mit 60-70 % technischem Quellcode [StVö03, 24 f.]. Dieser Quellcode ist nicht einmalig, sondern wiederholt sich und wird deshalb in der Praxis oft aus vorhandenen Implementierungen kopiert und für andere Anwendungen angepasst [StVö03, 25 f.]. Hier setzt die modellgetriebene Systementwicklung an: Der sich wiederholende technische Quellcode soll (jeweils für eine bestimmte Plattform; s. Abschnitt 2.2) aus den Modellen generiert werden [StVö03, 16 f.].

Die Beziehung zwischen Modellbestandteilen und Quellcode wird zu Beginn einer modellgetriebenen Systementwicklung durch die Analyse einer Referenzimplementierung (eines Anwendungssystems der Domäne) hergestellt [StVö03, 16 ff.]: Der Quellcode der Referenzimplementierung wird unterteilt in einen generischen Teil (die Plattform), einen schematischen, generierbaren Teil und die nicht generierbare Fachlogik (s. Abb. 1). Durch eine Verallgemeinerung entstehen aus den schematischen Quellcode-Teilen *Generatorschablonen* [StVö03, 31], denen wiederum (verknüpfte) Konstrukte einer Modellierungssprache als Abstraktionen zugeordnet werden. Damit ist gleichzeitig die Vorschrift für die Transformation von Modellen in Quellcode festgelegt. Jede weitere Abstraktion der zugeordneten Konstruktverknüpfungen (zu Modellierungssprachen einer höheren Stufe) ermöglicht es, noch mehr Details in den Modellen zu verbergen; vor der ‚finalen' Transformation von Modellen in Quellcode sind dann weitere Transformationen zwischen Modellen nötig. Die Modellierungssprachen, die (‚bottom-up') vor dem Hintergrund einer Referenzimplementierung geschaffen werden, heißen *domänenspezifisch*, da sie von einer Anwendung und einer Implementierungstechnologie abhängen [StVö03, 16 f.].

Modelle einer bottom-up konstruierten domänenspezifischen Modellierungssprache haben eine (u. U. transitive) Beziehung zum Quellcode, sind also eine immer aktuelle und dabei selbst kompakte Dokumentation. Die Geschwindigkeit, in der

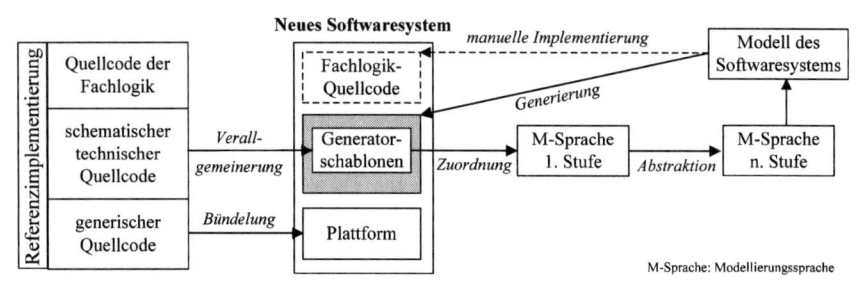

Abb. 1: Modellgetriebene Systementwicklung

Softwaresysteme durch derartige Modelle entwickelt werden können, steigt, weil Quellcode generiert werden kann (und nicht manuell kopiert werden muss) oder als Plattform bereits vorhanden ist. Außerdem müssen nur die Generatorschablonen geändert werden, um das Softwaresystem an andere Plattformen anzupassen oder Fehler in generiertem Quellcode zu korrigieren. Die Generatorschablonen können beliebig oft verwendet werden; haben sie eine hohe Qualität, dann steigt auch die Qualität der modellgetrieben entwickelten Softwaresysteme [StVö03, 14].

Ein Vorgehensmodell ist die modellgetriebene Systementwicklung nicht, denn sie gliedert nicht den gesamten Softwarelebenszyklus in Phasen, die in einer bestimmten Folge zu durchlaufen sind (z. B. [McDe93, 15/3 ff.]). Beliebige Vorgehensmodelle können modellgetrieben entwickeln; bevorzugt wird die Kombination mit iterativ-inkrementellen, z. B. der agilen Softwareentwicklung (die das *Extreme Programming* einschließt) oder dem *Rational Unified Process* ([StVö03, 85], [Klep+03, 40 ff.]).

‚Modellgetriebene Systementwicklung' ist ein Oberbegriff für konkrete Ansätze wie z. B. *Model-integrated Computing*, *Software Factories* oder *Model–Driven Architecture (MDA)* [CzHe06, 621]. Der folgende Abschnitt stellt die MDA vor.

2.2 Modell-Driven Architecture

Model-Driven Architecture (MDA) bezeichnet den Versuch der *Object Management Group* (OMG), die modellgetriebene Systementwicklung zu standardisieren. Die OMG ist ein Industriekonsortium, das 1989 entstand und bereits mehrere Standards hervorgebracht hat (z. B. CORBA®, UML) [FeLo03, 555]. Die MDA fasst einige dieser Standards zusammen [OMG01, 20].

Wie es die Bezeichnung suggeriert, beziehen sich die Modelle der MDA auf die *Architektur* eines Softwaresystems, also seine Teile, die Konnektoren und die Regeln für die Interaktion der Teile [OMG03, 2-3]. Zumindest theoretisch unterscheidet die MDA zwei Modellarten [Klep+03, 22]; s. auch Abb. 2:

- Das *plattformunabhängige Modell* (*PIM: Platform-independent Model*) beschreibt Struktur, Funktionen und Verhalten des Softwaresystems unabhängig von der Implementierung. Durch die Abstraktion von technologischen Details bleibt das plattformunabhängige Modell stabil, wenn sich die Technologie, in der das Softwaresystem umgesetzt ist, ändert ([OMG01, 6], [Klep+03, 6]).

- Das *plattformspezifische Modell* (*PSM: Platform-specific Model*) gibt an, wie das plattformunabhängige Modell mit den Mitteln einer bestimmten Implementierungstechnologie (*Plattform*) umgesetzt wird. Zu einem plattformunabhängigen Modell kann es mehrere plattformspezifische geben [Klep+03, 6]. Trotz der technologischen Konkretisierung ist das PSM eine *Beschreibung* und *nicht* der Quellcode des Softwaresystems.

Der Begriff *Plattform*, der die Modellarten voneinander trennt, ist durch die OMG offen definiert als eine Menge von (Sub-) Softwaresystemen und Technologien, die kohärente Funktionen über Schnittstellen anbieten [OMG03, 2-3]. Anwendungssoftware kann die Funktionen der Plattform nutzen, ohne Wissen über deren Implementierung zu benötigen. Bereits Objekte im Sinne der objektorientierten Programmierung (s. Abschnitt 3.1) erfüllen die Plattformdefinition; komplexere Plattformen sind technologiespezifisch (z. B. CORBA, Java EE^{TM}) oder herstellerspezifisch (z. B. .NET^{TM} von Microsoft oder IBM WebSphere^{TM}) [OMG03, 2-4]. In der Regel stützen sich diese komplexen Plattformen auf Bausteine wie Middleware, Bibliotheken, Frameworks oder Komponenten [StVö03, 70 f.].

Die Modelle der MDA müssen in wohldefinierten (Modellierungs-[6]) Sprachen erstellt werden; die Verwendung der UML ist nicht vorgeschrieben [OMG01, 4]. *Wohldefiniertheit* fordert eine eindeutige Definition von *abstrakter*[7] *Syntax* (d. h., der Konstrukte und erlaubten Konstruktverknüpfungen) und *dynamischer*[8] *Semantik* (der Bedeutung der Konstruktverknüpfungen) ([StVö03, 268], [OMG01, 3]). Als Bedeutungen sind Bezüge auf Einheiten der Realwelt erlaubt oder Übersetzungen der Konstruktverknüpfungen in eine andere Sprache, die eine wohldefinierte Bedeutung besitzt [OMG01, 3].

Sprachdefinitionen heißen auch *Metamodelle* [StVö03, 91]. Die OMG unterstützt das Erstellen von Metamodellen durch einen weiteren Standard: die *Meta Object Facility (MOF^{TM})* [OMG01, 4]. Damit soll die Wohldefiniertheit der Sprachdefinitionen gewährleistet werden.

---

[6] Grundsätzlich erlaubt die MDA auch den Einsatz von höheren Programmiersprachen zum Modellieren. Zwar abstrahieren diese von Maschinenbefehlen (s. Abschnitt 3.1), jedoch strebt die MDA streng genommen eine wesentlich stärkere Abstraktion an. Deshalb vernachlässige ich diese Möglichkeit hier.

[7] Die Notation der Konstrukte und ihrer Verknüpfungen heißt *konkrete Syntax* [StVö03, 92]. Die konkrete Syntax bildet die Schnittstelle zum Modellierer, die abstrakte Syntax die zum Transformationswerkzeug.

[8] Die *statische Semantik* gibt Wohlgeformtheitskriterien an (z. B. Deklarationspflichten für Variablen) [StVö03, 68].

Modellierung statt Programmierung?   19

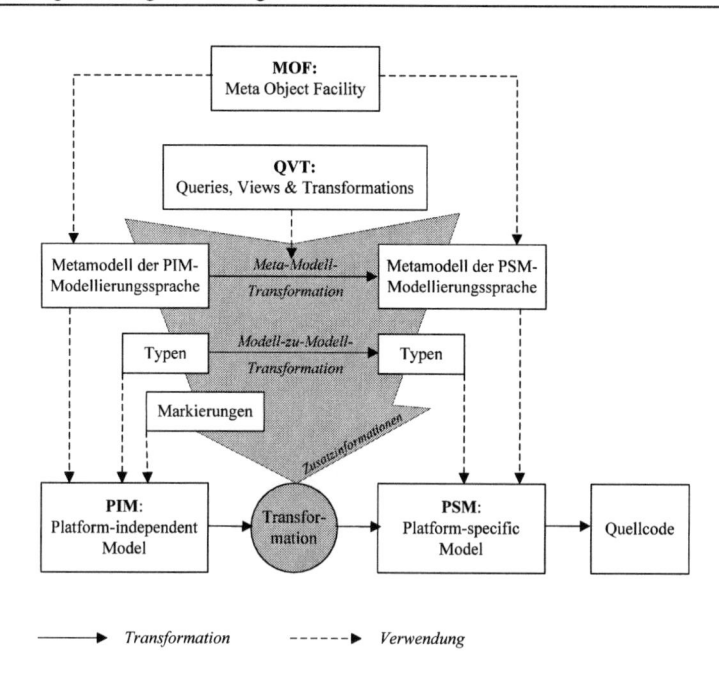

Abb. 2: Model-Driven Architecture

Nur wohldefinierte Modellierungssprachen lassen sich automatisch (durch Werkzeuge) transformieren; manuelle Transformationen (durch Entwickler) erlaubt die MDA aber ebenfalls ([Klep+03, 6], [OMG03, 3-7]). Die MDA betrachtet nicht (primär) die Generierung von Quellcode, sondern die automatische Transformation des plattformunabhängigen Modells (PIM) in das plattformspezifische Modell (PSM) ([StVö03, 23], [OMG03, 3-1]). Allerdings müssen dieser Transformation zusätzliche Informationen zugeführt werden, um die technischen Details zu ergänzen, die im PIM fehlen (s. Abb. 2). Diese Informationen heißen Transformationsregeln oder *Mapping* [OMG03, 3-2]. Die Gestalt des *Mapping* hängt von der gewählten Form der Transformation ab; denkbar sind z. B. [OMG03, 3-8 ff.]:

- **PIM-Annotation**: Das *Mapping* definiert für die Plattform Markierungen, die im Zuge einer Verfeinerung dem plattformunabhängigen Modell zugeordnet werden. Dieses Vorgehen ‚verunreinigt' also das plattformunabhängige Modell mit Implementierungsentscheidungen [StVö03, 83].

- **Modell-zu-Modell-Transformation**: Das plattformunabhängige und das plattformspezifische Modell verwenden Typen, die vorab definiert wurden (z. B. in einem Software Framework). Das *Mapping* ordnet den PIM-Typen die PSM-Typen zu, ohne auf die Metamodelle zurückzugreifen (s. Abb. 2).

- **Metamodell-Transformation**: Das *Mapping* bildet das PIM-Metamodell auf das PSM-Metamodell ab (s. Abb. 2). Die OMG hat solche Mapping-Definitionen durch die Sprache *QVT* (*Queries, Views & Transformations*) standardisiert, um die Entwicklung von Transformationswerkzeugen zu erleichtern ([StVö03, 386 ff.], [Heba05]). Für die Generierung von Quellcode gelten Metamodell-Transformationen als zu umständlich [StVö03, 32].

Generell ist die Definition eines Mapping aufwändig. Jedes erstellte Mapping lässt sich jedoch für beliebige viele Transformationen *wiederverwenden*; damit steigt die Produktivität der Systementwicklung [Klep+03, 9]. Da es die MDA untersagt, den Quellcode zu ändern, ohne die Modelle (manuell) anzupassen (*Forward Engineering*), sind die Modelle zu jedem Zeitpunkt eine exakte, vereinfachende Dokumentation des entwickelten Softwaresystems, dessen *Wartbarkeit* sich so verbessert [Klep+03, 9].

Neben diesen allgemeinen Zielen modellgetriebener Systementwicklung (s. Abschnitt 2.1) verfolgt die MDA zwei spezielle, die sich unter dem Oberbegriff *Plattformunabhängigkeit* zusammenfassen lassen: Portabilität und Interoperabilität ([OMG03, 2-2], [Klep+03, 9 ff.], [StVö03, 24]): Das plattformunabhängige Modell ist frei von technologischen Entscheidungen; es kann mithilfe des entsprechenden Mapping – je nach angestrebter Implementierungstechnologie – in beliebige plattformspezifische Modelle transformiert werden (*Portabilität*).

Gibt es für dasselbe plattformunabhängige Modell verschiedene plattformspezifische Modelle, dann ist sichtbar, welche Elemente der PSM demselben PIM-Element entsprechen. Daraus lassen sich Abbildungen *zwischen* den PSM ableiten (*Bridges*), die die verschiedenen Technologien ineinander transformieren [Klep+03, 10 f.]. So entsteht Interoperabilität (*Herstellerunabhängigkeit*) zwischen Plattformen.

3 Wurzeln der Model-Driven Architecture
3.1 Abstraktere Programmierung

Die MDA ist – als Spezialfall modellgetriebener Systementwicklung – u. a. getragen vom Wunsch nach größerer Abstraktion, auch von konkreten Plattformen (Portabilität). Beides findet sich in der Geschichte der Programmiersprachen wieder: Neue Konstrukte oder Prinzipien wurden erdacht, um Details weglassen zu können, die ehemals beschrieben werden mussten. Tabelle 1 fasst diese Abstraktionsleistungen chronologisch zusammen. Ich habe versucht, immer die erste Programmiersprache zu nennen, die von etwas abstrahierte.

Ein *Programm* ist ein Vorgehen zur Lösung eines Problems durch eine Maschine [MaGh87, 152]. Der Quellcode ist der Text des Programms, er ist in einer Programmiersprache verfasst. Die Programmiersprachen der ersten Generation waren *Maschinensprachen*: Sie verwendeten direkt die Maschinenbefehle einer spezifischen Prozessorart in binärer Codierung [BaGr94, 3]. Zum Beispiel lädt die Instruktion 1011 0011 000 0011 die Konstante 3 in ein Register eines Intel®-Pentium®-Prozessors [HaNe01, 940 f.]. Weil das Schreiben der Bitsequenzen von Hand fehleranfällig war, notierten die *Assembler-Sprachen* als Programmiersprachen der zweiten Generation die Maschinenbefehle mnemonisch und führten Variablen als Abstraktionen der Speicherzellen ein ([Sebe99, 159], [BaGr94, 3]). Der Assembler-Befehl zur obigen Bitsequenz lautet MOV BL, 3 [HaNe01, 940]).

Assembler-Sprachen nutzten nur eine kompaktere Notation für die Maschinenbefehle, behielten aber deren Aufbau bei und waren damit vollständig abhängig vom Befehlsvorrat des Prozessors [BaGr94, 4]. Im Gegensatz dazu lässt sich der Quellcode der *höheren Programmiersprachen* relativ leicht und automatisch (durch Compiler oder Interpreter) auf andere Prozessoren portieren ([HaNe01, 943], [Sebe99, 25 ff.]).

FORTRAN als erste höhere Programmiersprache war auf IBM-Prozessoren eingeschränkt, also nur bedingt prozessorunabhängig [Sebe99, 48]. Die Abstraktionsleistung bestand in Befehlen und ersten Kontrollstrukturen, die bis zu 100 Zeilen Assembler-Code ersetzten [Fran03, 6]. Totale Prozessorunabhängigkeit bestand erst ab ALGOL-60 [Sebe99, 59]. COBOL war die erste Sprache, die – durch die Konstrukte RECORD und FILE – heterogene Einzeldaten zu abstrakteren Einheiten zusammenfassen konnte [Sebe99, 225]. PL/1 versuchte, Konstrukte anzubieten und zu kombinieren, die sich für jedes Anwendungsgebiet eignen [Sebe99, 68 ff.].

Durch die Einführung neuer Konstrukte und deren Kombination mit den vorhandenen stieg die Komplexität der Sprachen. Zum Beispiel nutzte ALGOL-68, der Nachfolger von ALGOL-60, eine kleine Menge primitiver Datentypen und erlaubte, sie zu einer großen Anzahl von Strukturen und benutzerdefinierten Typen zu kombinieren [Sebe99, 76]. Im Sinne einer *Sprachabstraktion* verzichtete PASCAL auf viele dieser Details und Variationsmöglichkeiten [Wirt96, 97 ff.].

Alle bisher genannten Programmiersprachen gehören zu den *prozeduralen*, d. h., die Programme legen Folgen von Anweisungen (Befehle, Wertezuweisungen etc.) fest. Diese Folgen können zusammengefasst, durch einen Namen identifiziert und so für andere Programme bereitgestellt werden [HaNe01, 944]. Die Funktionen, Prozeduren und Subprogramme, die so entstehen, sind Ausdruck einer *Prozessabstraktion*: Sie legen dem Aufrufer gegenüber nur offen, *was* getan wird, aber nicht, *wie* dies geschieht [Sebe99, 412 f.].

Datenabstraktion als Komplement zur Prozessabstraktion brachte die *objektorientierten Programmiersprachen* hervor: Ein *Objekt kapselt* Daten mit festgelegten Typen und die Operationen (*Methoden*), die diese Daten (den *Zustand* des Objekts) abfragen oder ändern dürfen [Sebe99, 414 f.]. Details des Objekts (sein Zustand, seine Methoden) können vor der Außenwelt verborgen werden [HaNe01, 265 f.]. ADA unterstützte bereits die Kapselung mit dem Konstrukt PACKAGE, Objekte gab es erst in SMALLTALK.

JAVA hat innerhalb der objektorientierten Programmiersprachen eine Sonderstellung, da aus dem Quellcode ein Zwischencode für eine virtuelle Maschine erzeugt wird, die für jedes Betriebssystem implementiert werden kann. Über den Prozessor hinaus wird also von der Implementierungsplattform abstrahiert [Sebe99, 100].

Alle genannten Programmiersprachen gehören zu den imperativen. In ihnen spiegelt sich die von-Neumann-Rechnerarchitektur wider: Es gibt Variablen für Speicherzellen, Wertezuweisungen an diese Speicherzellen und Iterationen, um Befehle wiederholt abzuarbeiten und Teilergebnisse zwischenzuspeichern [Sebe99, 20 f.]. *Funktionale Programmiersprachen* (z. B. LISP) lösen sich von dieser Rechnerarchitektur, insbesondere von der Verwaltung der Speicherzellen: Im Idealfall nutzen sie keine Variablen und erreichen Wiederholungen nicht durch Iteration, sondern durch rekursives Aufrufen von Funktionen [Sebe99, 572 ff.].

Programme in imperativen und funktionalen Programmiersprachen legen fest, *wie* die Maschine ein Problem zu lösen hat, d. h. welche Befehle in welcher Reihenfolge abzuarbeiten sind. *Logische Programmiersprachen* (z. B. PROLOG) abstrahieren davon und geben den konkreten Problemlösungsweg *nicht* vor, sondern nur das erwartete Ergebnis [Sebe99, 606].

Programmiersprachen der vierten Generation sind typischerweise deklarativ (das ‚Was' wird beschrieben, nicht das ‚Wie') und verfügen mindestens über Schnittstelle zu 3GL-Programmiersprachen, z. T. auch über Standardroutinen für die interne Umwandlung von 4GL-Ausdrücken in 3GL-Ausdrücke [CuCo04, 128]. Damit eignen sie sich z. T. für Endbenutzer. Ziel ist es, mit wenigen Programmzeilen umfassende Programme für bestimmte Anwendungsgebiete zu schreiben. Zu den 4GL-Programmiersprachen gehören die Skriptsprachen (z. B. Tcl, Perl), die andere Programme oder Softwarekomponenten aufrufen [HaNe01, 954 ff.]. Manche Skriptsprachen repräsentieren die aufgerufenen Software-Teile durch grafische Konstrukte (z. B. Visual BASIC) [Klep+03, 25].

Werkzeuge für das *Computer-Aided Software Engineering* (*CASE*), z. B. ORACLE Designer™, Rational Rose™ von IBM, erweitern den visuellen Abstraktionsgedanken auf den gesamten Softwarelebenszyklus: Aus grafischen Modellen (*Upper CASE*) wird Quellcode generiert *(Lower CASE)* [HaNe01, 965]. Weil Endbenutzer ‚programmieren', indem sie modellieren, werden diese Werkzeuge z. T. mit 4GL-Programmiersprachen in Verbindung gebracht [StVö03, 81].

Durch Abstraktion und Modelltransformation ähneln CASE-Werkzeuge der modellgetriebenen Systementwicklung und der MDA, sind jedoch starrer: CASE-Werkzeuge geben mindestens die Modellierungssprache, die Generatorschablonen oder die Zielplattform vor, während modellgetriebene Systementwicklung und MDA eine flexible Festlegung erlauben [StVö03, 81]. Außerdem ist der von CASE-Werkzeugen erzeugte Quellcode nicht auf eine bestimmte Anwendung zugeschnitten und damit tendenziell ineffizient [StVö03, 81]. Schließlich modellieren vor allem Upper-CASE-Werkzeuge nicht das zu entwickelnde Softwaresystem, sondern eher den Weltausschnitt, dessen Probleme das Softwaresystem

Tabelle 1: Abstraktionen in der Geschichte der Programmiersprachen

Generation	Vertreter			Kennzeichen	Abstraktionsleistung
		Name	Jahr		
Maschinen-sprachen				Bitsequenz prozessorabhängig	—
Assembler-sprachen				mnemonische Notation	Bitsequenz; Speicheradressen
Höhere Programmiersprachen					
Imperativ	pz	FORTRAN	1955	für wissenschaftliche Berechnungen IF, GOTO vorrangig IBM-Prozessoren	Mengen von Maschinen-befehlen und deren Reihenfolge
		ALGOL-60	1958	für wissenschaftliche Berechnungen Blockstrukturen, Rekursion	Befehlsvorrat des Prozessors
		COBOL	1959	für betriebliche Anwendungen RECORD, FILE	Zusammenfassung heterogener Datenelemente
		PL/1	1964	anwendungsneutral	Anwendungsgebiet
		PASCAL	1971	strukturierte Programmierung	Sprachkomplexität von ALGOL-60/-68
	oo	Ada	1980	Kapselung (PACKAGE)	Aufbau und Zustand von Objekten
		Smalltalk	1980	Objekte, Klassen	Problemlösungs-prozess innerhalb von Objekten
		Java	1990	virtuelle Maschine	Betriebssystem
Funktional		LISP	1956	Berechnungen keine Iteration	von-Neumann-Architektur (Speicherverwaltung)
Logisch		PROLOG	1972	Prädikatenkalkül	(konkreter) Problem-lösungsprozess Abarbeitungsreihen-folge von Befehlen
4GL-Programmiersprachen					
	sk	Tcl	1988er	universelles Verknüpfen von Softwarekomponenten	Datentypen Plattform
		Visual Basic	1991	proprietär (Microsoft)	WINDOWS®-Benutzeroberflächen
		ABAP/4	1970er	proprietär (SAP) für betriebliche Anwendungen	Datenbankzugriffe

Abkürzungen:
oo: objektorientiert, pz: prozedural, sk: Skriptsprachen, GL: Sprachgeneration

lösen soll. Diesem Beschreibungsgegenstand widmet sich der folgende Abschnitt 3.2.

3.2 Konzeptuelle Modellierung

Konzeptuelle Modellierung kann als konsequente Fortsetzung der Abstraktion in der Programmierung gesehen werden, denn sie beschreibt Ausschnitte der Realwelt, in der das Softwaresystem operiert, d. h. die für einen bestimmten Zweck relevanten Objekte, deren Eigenschaften und Beziehungen [HaNe01, 995]. Konzeptuelle Modelle sind also Domänenmodelle (s. Abschnitt 2.1).

Vermutlich hat die konzeptuelle Modellierung (mindestens[9]) zwei Wurzeln: den Forschungsbereich ‚künstliche Intelligenz', der die logische Programmierung (s. Abschnitt 3.1) einschließt, und die Trennung zwischen Anwendungen und deren physischer Umsetzung. Explizit vorgeschlagen wurde diese Trennung 1978 durch die ANSI-SPARC-Ebenenarchitektur [ElNa00, 27 f.]. Die konzeptuelle Ebene dieser Architektur beschreibt Daten ohne Rücksicht darauf, wie die Daten auf konkreter Hardware gespeichert und verwaltet werden (*physische Datenunabhängigkeit*).

Die ANSI-SPARC-Architektur spaltet nur für die Daten die konzeptuelle Ebene von der internen, physischen Ebene ab. Daten allein reichen jedoch nicht aus, um Anwendungssysteme zu beschreiben, die (vor allem) aus Funktionen bestehen. Im betrieblichen Kontext sind zudem oft Organisationseinheiten für die (Bündel von) Funktionen verantwortlich. Die Funktionen müssen mit ihren Daten verknüpft und in Abläufen angeordnet werden, damit Prozesse entstehen, die Leistungen erbringen. Für die Entwicklung eines betrieblichen Anwendungssystems sind also Daten, Funktionen, (Aufbau-) Organisation, (Ablauf-) Steuerung und (erbrachte) Leistungen festzulegen. Deshalb unterscheidet *ARIS* (Architektur integrierter Informationssysteme) – angelehnt an die ANSI-SPARC-Architektur – die Abstraktionsebenen Fachkonzept (Beschreibung des betrieblichen Problems), DV-Konzept (‚Übertragung' der Problembeschreibung auf IT-Kategorien) und Implementierung ([Sche98, 11 ff.], [HaNe01, 197 ff.]). Betriebliche Modelle des Fachkonzepts, die nicht nur für ein Unternehmen gelten und deshalb wiederverwendet werden können, heißen auch *Referenzmodelle* ([LoSc95, 187]; zu anderen Interpretationen dieses Begriffs vgl. [FeLo04]).

ARIS differenziert also zwischen der betrieblichen Modellierung (Fachkonzept) und der technischen Modellierung (DV-Konzept). Die Verbindung zwischen beiden Ebenen sollte nur lose sein, um das Fachkonzept stabil zu halten, wenn sich die Implementierung ändert [Sche98, 15]. Diese Idee prägt auch das Verhältnis zwischen plattformunabhängigem und plattformspezifischem Modell in der MDA.

---

[9] Zu anderen Wurzeln vgl. [Wier89].

Trotzdem sind betriebliche Referenzmodelle nicht mit plattformunabhängigen Modellen gleichzusetzen (so aber [FeLo03, 558]), denn erstere beschreiben das ‚Problem' mit seinen Anforderungen (Domänenmodelle), während letztere die ‚Lösung' spezifizieren – das Softwaresystem. Überschneidungen gibt es nur bei der Datenmodellierung, da realweltliche Objekte (z. B. Kunden, Teile), die im Softwaresystem bearbeitet werden sollen, auch dort existieren müssen. Die Unterstützung realweltlicher Abläufe hingegen beruht auf Ereignissen, und dieselben Ereignisse können auf verschiedene Art durch ein Softwaresystem produziert werden – hier steckt der kreative Akt in der Systementwicklung [HaTa06, 458].

Aus dem Gesagten folgen zum einen die Grenzen für automatische Transformationen von Referenzmodellen: Höchstens Quellcode für Datenstrukturen lässt sich generieren [OMG01, 10], nicht ohne Weiteres[10] hingegen Quellcode für Funktionen und Abläufe. Dies spricht nicht gegen den Einsatz der MDA für betriebliche Anwendungssysteme, da die MDA ohnehin nicht (primär) auf Quellcodegenerierung abzielt. Andererseits wird deutlich, dass MDA für betriebliche Anwendungssysteme *nicht* die altbekannte Nutzung betrieblicher Referenzmodellen meint. Was genau sich dahinter verbirgt, beleuchtet Abschnitt 4.

4 Einsatz der Model-Driven Architecture für die Entwicklung betrieblicher Anwendungssysteme

Die MDA ist vor allem ein Rahmen für die Artefakte, die bei der Systementwicklung entstehen („a set of guidelines for structuring specifications" [OMG01, 3]; „MDA specifications" [HaTa06, 452]). Der vorliegende Abschnitt legt dar, welche Rolle diese Artefakte in Zukunft für die Entwicklung betrieblicher Anwendungssysteme spielen werden.

Die Bezeichnung der Anwendungssysteme als *betrieblich* betont, dass Unternehmen Computerunterstützung nicht nur bei der Planung und Organisation des Einsatzes von Produktionsfaktoren sowie der Abrechnung benötigen, sondern z. B. auch bei Aufgaben aus dem Ingenieurbereich (Steuerung von NC-Maschinen oder Transportsystemen) oder der Psychologie (z. B. Analyse des Käuferverhaltens). Für diese Aufgaben haben sich spezialisierte Anwendungssysteme herausgebildet [HaNe01, 279 ff.]: ERP-Systeme bearbeiten branchenneutrale betriebswirtschaftliche Grundfunktionen, CRM- bzw. SRM-Systeme verwalten die Beziehungen zu Kunden bzw. Lieferanten, SCM-Systeme[11] koordinieren die Zusammenarbeit von

---

[10] Eine Generierung würde es erfordern, alle Freiheitsgrade für die Implementierung aus den Referenzmodellen zu entfernen (z. B. durch Festlegungen) [HaTa06, 458].

[11] *ERP*: Enterprise Resource Planning, *CRM* (*SRM*): Customer (Supplier) Relationship Management, *SCM*: Supply Chain Management.

Unternehmen entlang der Wertschöpfungskette, Leitstände steuern Maschinen. Um gemeinsam den Unternehmenszielen zu dienen, müssen diese Systeme jedoch aufeinander abgestimmt (*integriert*) werden. Dabei sind oft nicht nur funktionale Grenzen zu überwinden, sondern auch technologische (z. B. unterschiedliche Plattformen, Hersteller) oder organisatorische (Integration über mehrere Unternehmen hinweg, z. B. in einer Supply Chain). Deshalb entstanden eigens für die Integration neue Softwaresysteme [WoMa06, 10 f.]:

- Data-Warehouse- und Master-Data-Management-Systeme sollen den zentralen Zugriff auf die *Daten* aus mehreren Anwendungssystemen ermöglichen (*Datenintegration*).

- Middleware bildet die Grundlage der Funktionsintegration: Die *Funktionsintegration*[12] sieht vor, (Anwendungs-) Funktionen im Idealfall nur ein Mal zu implementieren und dann lediglich aus anderen (Komponenten von) Softwaresystemen aufzurufen. Als *Middleware* wird Software bezeichnet, die vom Betriebssystem unabhängige (Plattformabstraktion!) Dienste für das Finden und Aufrufen von Funktionen, für die Transaktionsverwaltung (u. U. über Funktionen hinweg) und die Sicherheit anbietet [Fran03, 12].

- *Prozessintegration* bewirkt, dass Funktionen in der Reihenfolge aufgerufen werden, die sich aus den betrieblichen Abläufen (Geschäftsprozessen) ergibt. Erleichtert wird die Prozessintegration durch eine spezielle Middleware für Unternehmen: die Systeme für *Enterprise Application Integration* (EAI).

- *Portale* dienen der Benutzung unterschiedlicher Anwendungssysteme unter einer einheitlichen Benutzeroberfläche (*Präsentationsintegration*).

Die einzelnen Ebenen der Integration (Daten, Funktion, Prozess, Präsentation) und die darauf spezialisierte Integrationssoftware werden durch die konventionelle Architektur von Anwendungssystemen erzwungen. Durch die Integrationssoftware steigt die Anzahl der in einem Unternehmen (-sverbund) genutzten Softwaresysteme um ein weiteres, das mit allen anderen in Beziehung steht, sodass sich die Komplexität der Systemlandschaft erhöht. Praktisch besteht z. B. die Systemlandschaft von *Arla Foods amba* aus 170 Softwaresystemen von Kunden, Produzenten und Lieferanten [WoMa06, 317]. Um tatsächlich unternehmens*übergreifend* agieren zu können, sind trotz Integrationssoftware zahlreiche lokale Arbeiten erforderlich (z. B. das Freischalten der einzelnen Unternehmens-Firewalls).

Für Anwendungssysteme mit einer serviceorientierten Architektur bestehen diese Schwierigkeiten der Integration nicht [Erl05, 33 ff.]: *Services* sind vollständig gekapselte, sich selbst beschreibende Anwendungsfunktionen. Kapselung bedeutet – wie in der objektorientierten Programmierung (s. Abschnitt 3.1) und bei Komponenten [Turo01, 269] - dass von außen nur die Schnittstellenbeschreibung sichtbar

---

[12] Funktionsintegration basiert auf der Prozessabstraktion in der Programmierung (s. Abschnitt 3.1).

ist, nicht die Details der Implementierung. Zwischen Services bestehen (möglichst) keine Abhängigkeiten. Ein Service kapselt nur die Daten, die er unbedingt für die Ausführung seiner Funktionen benötigt (*Zustandslosigkeit*). Auf der Grundlage ihrer Beschreibungen können Services gefunden und über vereinbarte Kommunikationsprotokolle aufgerufen werden. Standardisierte Beschreibungen (z. B. in XML) und Kommunikationsprotokolle erleichtern die Interaktion zwischen verschiedenen Systemen und Unternehmen. Sind die Kommunikationsprotokolle offene Internet-Standards, liegen *Web-Services* vor [WoMa06, 322].

Bereits die Kapselung bewirkt für den Aufrufer *Plattformunabhängigkeit* im Sinne der MDA (s. Abschnitt 2.2); Web-Services verstärken diese Plattformunabhängigkeit durch die *standardisierte*, nicht proprietäre Kommunikation. Die relative Unabhängigkeit zwischen und die Zustandslosigkeit von Services ermöglichen ihre *Wiederverwendung* in vielen, zum Implementierungszeitpunkt noch nicht vorgedachten Anwendungen ([WoMa01, 17]; analog bei Komponenten [Turo01, 269]). Dies erleichtert nicht nur die Integration von Anwendungssystemen, sondern ermöglicht es auch, neue Anwendungssysteme (*Composite Applications*) aus vorhandenen Services zusammenzusetzen [WoMa01, 103]. Allerdings setzen Integration und *Composite*-Entwicklung exakte Beschreibungen der Services voraus.

Bestrebungen (z. B. der SAP AG[13]), Services ex post für bestehende Anwendungssysteme zu definieren, haben sich als schwierig erwiesen, da die bereits vorhandenen Funktionen in ‚zu kleine'[14] (technische) Einheiten gekapselt und deshalb stark voneinander abhängig sind [Wood03, 17 ff.]. Vermutlich müssen also betriebliche Anwendungssysteme, die auf einer serviceorientierten Architektur beruhen sollen, ausgehend von den anzubietenden Services und deren Interaktion (neu) entworfen werden. Dafür bietet sich die MDA aus folgenden Gründen an:

1. Da die MDA auf Plattformunabhängigkeit und Wiederverwendbarkeit abzielt [OMG03, 2-2], konstruiert sie praktisch beides in die serviceorientierte Architektur von Anwendungssystemen ‚hinein'.

2. Die Modelle der MDA bilden die abstrakte und gleichzeitig exakte Dokumentation des Anwendungssystems, die für die Integration von Systemen und die Entwicklung von *Composite Applications* benötigt wird [WoMa06, 21 ff.].

3. Die Standardisierung von Metamodell-Definitionen und –Transformationen erleichtert es, serviceorientierte Anwendungssysteme *verschiedener* Hersteller zu integrieren oder in *Composite Applications* zu nutzen.

---

[13] Für Web-Services im SAP-Umfeld vgl. z. B. https://uddi.sap.com/.
[14] Zu Faustregeln für die ‚richtige' fachliche Kapselung vgl. [Hess+06, 400 ff.].

4. *Während* der Entwicklung eines serviceorientierten Anwendungssystems dienen die Modelle [HaTa06, 456]:

- als Kommunikationsgrundlage zwischen den Entwicklern,
- als Vorgabe, welche Anforderungen eine Softwarekomponente erfüllen muss, die u. U. andernorts durch andere Entwickler implementiert wird und
- als Generatorschablonen für schematischen technischen Code.

Die unter Punkt 4 genannten Vorzüge kommen umso stärker zum Tragen, je mehr Funktionen das serviceorientierte Anwendungssystem anbietet, je mehr Personen an seiner Entwicklung beteiligt sind und je internationaler der Entwicklungsprozess abläuft. Deshalb hat sich die SAP AG entschieden, ihre neueste Softwarelösung[15], die auf einer serviceorientierten Architektur beruht, mit einer Methode zu entwickeln, die modellgetrieben und stark an die MDA angelehnt ist ([Wood03, 128], [WoMa06, 115 f.]). Ausgangspunkt der Modellierung waren die angebotenen Services und deren Nutzung in betrieblichen Szenarien.

5 Schlussfolgerungen

Normierungsansätze in der Softwareindustrie waren 1987 für die SAP AG der Grund, mit der Entwicklung von SAP R/3 zu beginnen [SAP07]. Das System, das 1991 erstmals auf der CeBit präsentiert wurde, hatte eine damals neuartige Client-Server-Architektur, die die SAP AG zum Marktführer für betriebliche Anwendungssysteme machte [HaNe01, 558]. Seit 2002 konzentriert sich die SAP AG auf serviceorientierte Architekturen für Unternehmensanwendungen (*Enterprise SOA*) ([Wood03, 2], [WoMa06, 7 ff.]), kurz nachdem begonnen wurde, die zugrunde liegende Methodik der Softwarespezifikation zu standardisieren. Folglich ist zu erwarten, dass sich unser Bild von betrieblichen Anwendungssystemen und deren Entwicklungsprozess grundlegend ändern wird.

Nicht nur durch die Marktmacht der SAP AG, sondern auch, weil damit die gravierenden Probleme der Integration von Anwendungssystemen vermieden werden können, hat die serviceorientierte Architektur betrieblicher Anwendungssysteme ein hohes Durchsetzungspotenzial. Damit werden auch *Composite Applications* möglich (s. Abschnitt 4), d. h. das Verbinden von ‚Bausteinen', die sich in Hersteller und Implementierungstechnologie unterscheiden können. Sind diese Bausteine exakt spezifiziert, könnte das ‚Entwickeln' von *Composite Applications* tatsächlich im Manipulieren von Modellen bestehen – denn die MDA nennt Spezifi-

---

[15] Zum Zeitpunkt der Drucklegung dieses Manuskripts befindet sich diese Softwarelösung in der Ankündigungsphase, so dass ich darauf noch nicht genauer eingehen darf. Eine Veröffentlichung von Details der Modellierungsmethode bereite ich derzeit vor.

kationen ‚Modelle' [WoMa06, 116 f.]. Programmieren wäre in dieser Situation nicht notwendig.

Nach wie vor programmiert werden muss jedoch die Fachlogik in den ‚Bausteinen' der *Composite Applications*. Damit diese (zuerst nur modellierten) Bausteine tatsächlich mit beliebigen anderen Bausteinen zusammenspielen können (und um eventuell schematischen technischen Code zu generieren), dürfen die Modelle keine Vagheiten für die Implementierung enthalten. Die Modellierung ‚rückt' folglich näher an die Programmierung heran. Dies schließt Domänenmodelle als Entwicklungsgrundlage (in dieser Phase der Systementwicklung) aus. In den Systemmodellen obliegt die Vermeidung von Vagheit der Modellierungssprache: Sie muss eindeutig sein und sich an Besonderheiten unterschiedlicher Implementierungstechnologien und Anwendungsgebiete anpassen lassen (domänenspezifische Modellierungssprachen; s. Abschnitt 2.1). Die Bedeutung der Sprachkonstruktion wächst also [Wood06, 17]. Letztlich aus dieser Notwendigkeit entwickelte die OMG den Standard MOF (für Metamodell-Erweiterungen) und die UML-Profile (für Metamodell-Spezialisierungen) [OMG07, 647 f.].

Der historische Abriss in Abschnitt 3 hat gezeigt, dass modellgetriebene Systementwicklung und MDA konsequent Ideen fortsetzen, die es seit Bestehen der Informatik gibt. Auch die Prinzipien der Sprachkonstruktion, die MOF und UML-Profilen innewohnen, lassen sich bis Ende der 1960-er Jahre bei anderen Modellierungssprachen zurückverfolgen [Pati06, 42 ff.]. Diese historische Präsenz und die einsetzende Standardisierung legen die Vermutung nahe, dass die MDA keine Modeerscheinung ist, an die sich in zwei Jahren niemand mehr erinnert. Eher scheint plausibel, dass die verstärkte Nutzung von Modellen als Implementierungsgrundlage ‚schleichend' zum Normalfall wird, zumal die Softwareindustrie diese Entwicklung mitträgt: im Standardisierungsgremium OMG und, zumindest was die SAP AG betrifft, bei der Entwicklung neuer Softwaresysteme ([Wood03, 128], [WoMa06, 115 f.]).

Insgesamt bewegen sich Modellieren und Programmieren im Abstraktionsniveau aufeinander zu, sodass sie sich tatsächlich teilweise gegenseitig ersetzen können.

Literaturverzeichnis

[BaGr94, 3]
   Bal, H. E.; Grunde, D.: Programming Language Essentials. Addison-Wesley: Harlow et al., 1994

[CzHe06]
   Czarnecki, K.; Helsen, S.: Feature-based survey of model transformation approaches. IBM Systems Journal 45, 2006: pp. 621-644

[CuCo04]:
Curtis, G.; Cobham, D.: Business Information Systems: Analysis, Design and Practice. 5th ed., Addison-Wesley: Harlow et al., 2004

[Eich79]
Eichhorn, W.: Die Begriffe Modell und Theorie in der Wirtschaftswissenschaft. In: Raffée, H.; Abel. B. (Hrsg.): Wissenschaftstheoretische Grundfragen der Wirtschaftswissenschaften. Vahlen: München, 1979, S. 60–104

[ElNa00]
Elmasri, R.; Navathe, S. B.: Fundamentals of Database Systems. 3rd ed., Addison-Wesley: Reading et al., 2000

[Erl05]
Erl, T.: Service-Oriented Architecture: Concepts, Technology and Design. Prentice Hall: Upper Saddle River, 2005

[FeLo03]
Fettke, P.; Loos, P.: Model Driven Architecture. Wirtschaftsinformatik 45, 2003: S. 555-559

[FeLo04]
Fettke, P.; Loos, P.: Referenzmodellierungsforschung. Wirtschaftsinformatik 46, 2004: S. 331-340

[Fran03]
Frankel, D. S.: Model-Driven Architecture^{TM}: Applying MDA^{TM} to Enterprise Computing. Wiley: Indianapolis, 2003

[HaNe01]
Hansen, H. R.; Neumann, G.: Wirtschaftsinformatik I. Lucius & Lucius: Stuttgart, 2001

[HaTa06]
Hailpern, B.; Tarr, P.: Model-driven development: The good, the bad, and the ugly. IBM Systems Jounal 45, 2006: 451-461

[Heba05]
Hebach, M.: Mit QVT wird MDA erst schön. Objektspektrum, 2005, Heft 2

[Herm91]
Hermes, H.: Einführung in die mathematische Logik: Klassische Prädikatenlogik. 5. Aufl., Teubner: Stuttgart, 1991

[Hess+06]
Hess, A.; Humm, B.; Voß, M.: Regeln für serviceorientierte Architekturen hoher Qualität. Informatik Spektrum 29, 2006: S. 395-411

[Klep+03]
Kleppe, A.; Warmer, J.; Bast, W.: MDA Explained: The Model Driven Architecture^{TM} – Practice and Promise. Addison-Wesley: Boston et al., 2003

[LoSc95]
Loos, P.; Scheer, A.-W.: Vom Informationsmodell zum Anwendungssystem – Nutzenpotentiale für den effizienten Einsatz von Informationssystemen. In: König, W. (Hrsg.):

Wirtschaftsinformatik '95: Wettbewerbsfähigkeit, Innovation, Wirtschaftlichkeit. Physica: Heidelberg, S. 185-201

[MaGh87]
Mandrioli, D.; Ghezzi, C.: Theoretical Foundations of Computer Science. John Wiley: New York et al., 1987

[McDe93]
McDermid, J.: Software Engineer's Reference Book. CRC Press: Boca Raton, 1993

[OMG01]
Object Management Group (OMG): Model Driven Architecture^{TM} (MDA^{TM}). Document number ormsc/2001-07-01 (July 9, 2001), http://www.omg.org/

[OMG03]
Object Management Group (OMG): MDA^{TM} Guide Version 1.0.1. Document number omg/2003-06-01 (June 12, 2003), http://www.omg.org/

[OMG07]:
Object Management Group (OMG): Unified Modelling Language: Superstructure. Version 2.1.1. Document number omg/2007-02-05 (February 2007), http://www.omg.org/

[Pati06]
Patig, S.: Die Evolution von Modellierungssprachen. Frank & Timme: Berlin, 2006

[SAP07]
SAP AG: Geschichte der SAP: Mehr als 30 Jahre im Business mit dem E-Business. http://www.sap.com/germany/company/press/geschichte/index.epx

[Sche98]
Scheer, A.-W.: Wirtschaftsinformatik: Referenzmodelle für industrielle Geschäftsprozesse. 2. Aufl., Springer: Berlin et al., 1998

[Sebe99]
Sebesta, R. W.: Concepts of Programming Languages. 4th ed., Addison-Wesley: Reading et al., 1999

[StVö05]
Stahl, T.; Völter, M.: Modellgetriebene Softwareentwicklung: Techniken, Engineering, Management. dpunkt: Heidelberg, 2005

[Turo01]
Turowski, K.: Spezifikation und Standardisierung von Fachkomponenten. Wirtschaftsinformatik 43, 2001: S. 269-281

[Wirt96]
Wirth, N.: Recollections about the development of PASCAL. In: Bergin, T. J.; Gibson, R. G. (Eds.): History of Programming Languages – II. Addison-Wesley: Reading et al., pp. 97-111

[Wier89]
Wieringa, R.: Three Roles of Conceptual Models in Information Systems Design and Use. In: Falkenberg, E. D.; Lindgren, P. (Eds.): Information System Concepts: An In-depth Analysis. North-Holland: Amsterdam et al., 1989, pp. 31–139

[Wood03]
Woods, S.: Enterprise Services Architecture. O'Reilly: Beijing et al., 2003

[WoMa06]
Woods, D.; Mattern, T.: Enterprise SOA: Designing IT for Business Innovation. O'Reilly: Beijing et al., 2006

[Zsch95]
Zschocke, D.: Modellbildung in der Ökonomie: Modell – Information – Sprache. Vahlen: München, 1995

Konstruktion von Services, Komponenten und Anwendungssystemen: Bausteine einer Konstruktionslehre für die (Wirtschafts-) Informatik

Sven Overhage, Klaus Turowski

Universität Augsburg, Lehrstuhl für Wirtschaftsinformatik und Systems Engineering, Arbeitsgruppe Component & Service Engineering, Universitätsstraße 16, 86159 Augsburg, E-Mail: {sven.overhage, klaus.turowski}@wiwi.uni-augsburg.de, URL: http://www.wi-se.org

Zusammenfassung. In diesem Beitrag wird die Notwendigkeit motiviert, den Aufbau einer Konstruktionslehre für die (Wirtschafts-) Informatik voranzutreiben und stärker in den Mittelpunkt des Forschungsinteresses zu rücken. Die Konstruktionslehre stellt in den etablierten Ingenieursdisziplinen jeweils den zentralen Bestandteil dar, mit dem sich die methodischen Grundlagen der Konstruktion systematisch lehren und erlernen lassen. In diesem Beitrag wird beschrieben, wie sich die zentralen Bausteine einer solchen Konstruktionslehre auch auf die (Wirtschafts-) Informatik übertragen lassen. Anschließend wird ein Forschungsprojekt beschrieben, das sich gezielt dem Aufbau einer solchen Konstruktionslehre widmet und dabei die komponenten- bzw. serviceorientierte Entwicklung von Anwendungssystemen unterstützt. Der Beitrag schließt mit einem Ausblick auf verwandte Arbeiten und den noch vorhandenen Forschungsbedarf zum Aufbau einer Konstruktionslehre für die (Wirtschafts-) Informatik.

1 Motivation

Die betriebliche Anwendungsentwicklung steht zu Beginn des 21. Jahrhunderts vor einer Vielzahl scheinbar gegensätzlicher Herausforderungen. So ist einerseits ein verstärkter Druck zur Senkung der Entwicklungs-, Einführungs- und Betriebskosten von Anwendungssystemen sowie zur Straffung der entsprechenden Prozesse zu verspüren. Gleichzeitig wachsen andererseits die an betriebliche Anwendungssysteme und deren Entwicklung gestellten Ansprüche stetig weiter. Dies gilt insbesondere, seit Unternehmen die Bedeutung ihrer Anwendungssysteme als strategischen Wettbewerbsfaktor zu erkennen und in ihrer Geschäfts- bzw. E-Business-Strategie entsprechend zu berücksichtigen beginnen [Brow00, S. 5]. Heute zählen vor allem die Beherrschung der hohen Anwendungssystem- und Entwicklungskomplexität, die Möglichkeit zur flexiblen Anpassung von Anwendungssystemen an Änderungen im Geschäftsumfeld sowie die Reduzierung der Entwicklungszeit [Brow00, S. 6-12; ChDa01, S. 2; Meye97, S. 17-19] zu den zentralen Anforderungen, die an das Software Engineering und die betriebliche Anwendungsentwicklung gestellt werden.

Mit dem schnellen Anwachsen der Ansprüche vermochten das Software Engineering und die betriebliche Anwendungsentwicklung trotz vieler Fortschritte nicht Schritt zu halten. Daher stellt die Entwicklung von Anwendungssystemen, die diesen zentralen Anforderungen genügen, eine derzeit kaum zu bewältigende Aufgabe dar [Brow00, S. 4f.; HeSi00, S. 27]. Zur Beendigung der durch das Auseinanderlaufen von Anspruch und Wirklichkeit verursachten „Software-Krise" wurde bereits in den 1960er Jahren die Einführung der *komponentenorientierten Anwendungsentwicklung* als neue Entwicklungstechnik vorgeschlagen [McIl68]. Das Konzept der Komponentenorientierung wurde aus den anderen Ingenieursdisziplinen (dem Maschinenbau, der Elektrotechnik etc.) übernommen, in denen es jeweils im Rahmen eines historischen Reifungsprozesses eingeführt wurde [Spee[+]01] und wesentlich zur Entstehung der modernen industriellen Massenfertigung bzw. kundenindividuellen Massenfertigung (Mass Customization [Pine93]) aus standardisierten, vorgefertigten Teilen beigetragen hat [CzEi00, S. 3-5]. Der Einführung der Komponentenorientierung im Software Engineering und der betrieblichen Anwendungsentwicklung wird ein vergleichbares Potenzial zugeschrieben, den gegenwärtigen Missstand zu revolutionieren. Insbesondere verspricht ihr modulares Entwicklungsparadigma einen Beitrag zur Lösung *jeder* der zentralen Anforderungen zu leisten [Brow00, S. 74f.; ChDa01, S. 2; Lim94; Orfa[+]96, S. 29-32; Same97, S. 11-15].

Gemäß diesem neuen Paradigma sind Anwendungssysteme durch die Zerlegung der Entwicklungsaufgabe in leichter handhabbare Teile und die daran anschließende Komposition von ausgewählten bzw. neu geschaffenen Komponenten, die diese Teilaufgaben lösen, zu entwickeln [Brow00, S. 72]. Dabei wird mit der Zerlegung von Entwicklungsaufgaben in überschaubare Komponenten (dem sog. „Divide et Impera") zunächst eine anerkannte, bewährte Strategie zur *Komplexitätsreduktion* und damit zur Beherrschung der Komplexität in das Software Engineering bzw. die betriebliche Anwendungsentwicklung eingeführt [Spee[+]01, S. 675]. Gleichzeitig wird die *Anpassungsfähigkeit* von Anwendungssystemen verbessert, da sich aus eigenständigen Komponenten aufgebaute Anwendungssysteme durch Überarbeiten und Austauschen einzelner Komponenten leichter an Veränderungen anpassen lassen als monolithische Anwendungssysteme. Bei letzteren ist hierzu normalerweise eine umfassende Überholung in Form eines Re-Engineering notwendig [ChDa01, S. 2]. Mit dem modularen Entwicklungsparadigma lassen sich schließlich auch *flexibler steuerbare* und *zügiger durchzuführende Entwicklungsprojekte* realisieren, da die Entwicklung der einzelnen Komponenten eines Anwendungssystems sowohl inkrementell, also in verschiedenen Ausbaustufen, als auch parallelisiert durchgeführt werden kann, nachdem die Anwendungssystemarchitektur festgelegt wurde [Brow00, S. 74f.]. Wegen der Möglichkeit, dabei bereits zuvor entwickelte Komponenten wieder zu verwenden oder – die Entstehung entsprechender Komponentenmärkte vorausgesetzt – von spezialisierten Drittherstellern am Markt zu erwerben, bietet die Komponentenorientierung außerdem ein erhebliches Potenzial zur *Senkung der Entwicklungskosten* sowie zur *Straffung des Entwicklungsprozesses*, etwa durch eine Reduzierung der Fertigungstiefe in der Anwendungsentwicklung [Lim94]. Prinzipiell ermöglicht es die Einführung der Komponentenorientierung sogar, die jeweiligen Vorteile bei der Verwendung von Standard- bzw. Individual-Software im Rahmen eines sog. *Make and Buy* zu verbinden [Kurb+94].

Ungeachtet der vielfältigen Vorteile hat sich die Einführung der Komponentenorientierung in der (betrieblichen) Praxis der Anwendungsentwicklung jedoch als schwierig erwiesen. Zwar wird die komponentenorientierte Entwicklung heute durch ausgereifte Implementierungsplattformen (wie *OMG CORBA 3.0*, *Microsoft COM/.NET*, *Sun EJB* oder die *XML Web-Services Technologie*), eine akzeptierte einheitliche Terminologie [Szyp98; Szyp+02], spezialisierte Entwurfstechniken [AlFr98; ChDa01; DSWi99] sowie eine angepasste Version der *Unified Modeling Language* (UML 2.0 [OMG03]) unterstützt. Dennoch beschränken sich Erfolgsmeldungen aus der Praxis meist auf einzelne, anwendungsunabhängig einsetzbare (generische) Komponenten, wie bspw. Datenbank- und Workflow-Management-Systeme oder Elemente zur Gestaltung graphischer Benutzungsschnittstellen [Grif98, S. 22; Maur00]. Eine der ursprünglichen Vision entsprechende, durchgängig komponentenorientierte (betriebliche) Anwendungsentwicklung, die ausschließlich auf Komponenten als Entwicklungsobjekten aufsetzt und somit auch anwendungsspezifische Komponenten – sog. *Fachkomponenten* [Turo03] – verwendet, hat sich in der Praxis bislang noch nicht durchsetzen können.

Eine wesentliche Ursache für den ausbleibenden praktischen Erfolg der Komponentenorientierung besteht darin, dass der mit dem neuen Paradigma eingeführte Entwicklungsprozess noch nicht ausreichend methodisch unterstützt wird [Grif98, S. 46]. Dieser Entwicklungsprozess unterscheidet grundsätzlich zwischen der *Anwendungsentwicklung*, bei der die Zerlegung einer Aufgabenstellung in Komponenten und deren anschließende Komposition zu einem Anwendungssystem im Mittelpunkt steht, sowie der *Komponentenentwicklung*, die die Bereitstellung der einzelnen (wieder verwendbaren) Komponenten zum Ziel hat. Dabei bestehen zahlreiche unbeantwortete Entwicklungsfragen, die einem Einsatz der Komponentenorientierung in der (betrieblichen) Praxis entgegenstehen [Bach+00, S. 7f., 43; , S. 132f.; Garl+95; Mili+95; Same97, S. 15-18; Weyu01]: wie erfolgt die *Dekomposition einer Aufgabenstellung*; wie lassen sich die *Eigenschaften der einzelnen Komponenten* aus den Eigenschaften der zu entwickelnden Anwendung bestimmen; wie ist die *Eignung bzw. Kompatibilität* einzelner Komponenten zu ermitteln; welche *Verschiedenheiten (Heterogenitäten)* können zwischen Komponenten auftreten und wie ist mit diesen umzugehen; wie können die *Eigenschaften eines Anwendungssystems* auf Basis der Eigenschaften der einzelnen Komponenten vorhergesagt bzw. verifiziert werden; wie soll die *Komposition von Komponenten* erfolgen etc.? Da eine methodische Unterstützung, mit der diese Fragen beantwortet werden könnten, derzeit nicht vorhanden ist, droht bei der Einführung der Komponentenorientierung ein erneutes Auseinanderlaufen von Anspruch und Wirklichkeit – und damit die Entstehung einer neuen Krise, einer sog. „Modularitätskrise" [Herr⁺01].

Um die Entstehung einer solchen Krise zu vermeiden und eine erfolgreiche Einführung der Komponentenorientierung in die (betriebliche) Praxis der Anwendungsentwicklung zu ermöglichen, ist es notwendig, eine speziell auf die Komponentenorientierung angepasste *Entwicklungsmethodik* zu schaffen [Spee⁺01; Szyp⁺02, S. 457]. Diese operationalisiert den komponentenorientierten Entwicklungsprozess durch die Vorgabe konkreter Regeln und Vorgehensweisen, die idealerweise als System *integrierter* (d.h. ineinander greifender und miteinander verträglicher) Methoden und Werkzeuge bereitgestellt werden [Meye97, S. 664; PaBe03, S. 10f.; Szyp⁺02, S. 457]. Die zu schaffende Entwicklungsmethodik trägt wesentlich zur Entstehung einer an die komponentenorientierte Anwendungsentwicklung angepassten *Konstruktionslehre* [PaBe03] bei, deren Verfügbarkeit auch in den eingangs als Vorbilder genannten Ingenieursdisziplinen eine entscheidende Voraussetzung für den Erfolg der Komponentenorientierung darstellte [ShGa96, S. 9f.; Spee⁺01].

Im Rahmen dieses Beitrags werden in Kapitel 2 zunächst wichtige Bausteine einer Konstruktionslehre für die (Wirtschafts-) Informatik vorgestellt und zu einem Gesamtbild zusammengefasst. Dabei wird auf existierende Vorarbeiten anderer Ingenieursdisziplinen zurückgegriffen, die jeweils über eine ausgereifte Konstruktionslehre verfügen [PaBe03]. In Kapitel 3 wird beispielhaft auf die Erforschung und Entwicklung zentraler Elemente einer Konstruktionslehre für die (Wirtschafts-) Informatik eingegangen, mit der die komponentenorientierte Entwicklung von Anwendungssystemen durchgängig unterstützt wird. Der Beitrag schließt mit einer Betrachtung verwandter Arbeiten und einem Ausblick auf den bestehenden Forschungsbedarf, dessen Ziel die Schaffung einer Konstruktionslehre für die (Wirtschafts-) Informatik ist.

2 Bausteine einer Konstruktionslehre

In den etablierten Ingenieursdisziplinen vermittelt die Konstruktionslehre die jeweils grundlegenden methodischen Kenntnisse zur Konstruktion von Produkten in einer systematisch lehrbaren Weise [PaBe03, S. 15]. Die Konstruktion eines Produkts umfasst dabei zunächst allgemein alle Tätigkeiten, Prinzipien, Verfahren und Überlegungen, die die Funktion eines technischen Produkts gewährleisten. Der Begriff „Konstruktion" ist somit prinzipiell auch auf eine ingenieurmäßige Entwicklung von Anwendungssystemen anwendbar [Ott94]. Anders als in den etablierten Ingenieurwissenschaften existiert in der (Wirtschafts-) Informatik jedoch bislang keine Konstruktionslehre, die die Entwicklung von Anwendungssystemen umfassend methodisch und in systematisch lehrbarer Weise unterstützt. Der Aufbau einer solchen Konstruktionslehre ist vielmehr seit den ersten Software Engineering Konferenzen [NaRa69] im Gange und dauert bis heute an.

Aus dem Aufbau der Konstruktionslehre in den anderen Ingenieursdisziplinen können jedoch Hinweise auf die zentralen Grundlagen und Bausteine gewonnen werden, die auch Bestandteil einer Konstruktionslehre für die (Wirtschafts-) Informatik sind. So hat sich gegenüber der klassischen Konstruktionslehre, die lediglich mathematisch-naturwissenschaftliches Grundwissen vermittelt und die Anwendung dieses Wissens dem Geschick des Einzelnen überlies, eine stärker methodenorientierte Konstruktionslehre durchgesetzt, deren Ziel es ist, die Konstruktionstätigkeit durch ein systematisches, methodisch unterstütztes Vorgehen auf eine begründbare Basis zu stellen [PaBe03, S. 12-17]. Im Zentrum dieser modernen Konstruktionslehre steht die *Konstruktionsmethodik*, ein System integrierter Methoden, Werkzeuge und Handlungsanweisungen, die sich aus den Erkenntnissen der Konstruktionswissenschaft, aber auch aus den Erfahrungen in verschiedenen Anwendungen ergeben haben [PaBe03, S. 10].

Eine solche Konstruktionsmethodik muss zunächst eine Reihe *grundlegender Anforderungen* erfüllen. Insbesondere soll sie [PaBe03, S. 11]:

- ein problemorientiertes Vorgehen ermöglichen und bei jeder Konstruktionstätigkeit (unabhängig vom Anwendungsbereich) einsetzbar sein,

- das Finden optimaler Lösungen erleichtern und die dabei gesammelten Erfahrungen auf verwandte Aufgaben übertragen lassen,

- lehr- und erlernbar sein sowie den Erkenntnissen der Arbeitswissenschaften entsprechen (insbesondere Arbeit erleichtern, Zeit sparen, Fehlentscheidungen vermeiden),

- die Planung und Steuerung von Teamarbeit erleichtern sowie Anleitung und Richtschnur für Projektleiter sein.

Darüber hinaus besteht eine Konstruktionsmethodik aus verschiedenen *Bausteinen*, die auch für die angestrebte methodische Unterstützung der Anwendungsentwicklung von Bedeutung sind. So beschäftigt sie sich zunächst mit dem *Entwicklungsobjekt* selbst und legt die Grundlagen technischer Systeme. Dabei wird insbesondere der allgemeine Zusammenhang zwischen dem System und seinen einzelnen Teilen (Komponenten) sowie zwischen den Teilen untereinander beschrieben [PaBe03, S. 37]. Vom allgemeinen Aufbau und der Beschaffenheit des technischen Systems hängt auch der Vorgang des Problemlösens und die einzusetzende allgemeine Arbeitsmethodik ab [PaBe03, S. 66].

Aufbauend auf den Grundlagen wird der allgemeine *Entwicklungsprozess* beschrieben und durch ein anwendungsunabhängig einsetzbares Vorgehensmodell in

Entwicklungsphasen unterteilt [PaBe03, S. 164]. Für diese Entwicklungsphasen werden dann jeweils spezialisierte Vorgehensweisen in Form von *Methoden* und bewährten Praktiken bereitgestellt, die einzelne (Teil-) Aufgaben lösen oder deren Lösung unterstützen [PaBe03, S. 90, 187, 203, 276, 522]. Wesentlich ist dabei, dass allen Methoden und bewährten Praktiken das gleiche Verständnis des technischen Systems sowie des Entwicklungsprozesses zugrunde liegt. Dieses gemeinsame Verständnis ist eine zentrale Voraussetzung, um ein System integrierter und ineinander greifender Methoden bereit stellen zu können.

Viele der Methoden, die in einer Konstruktionsmethodik enthalten sind, werden durch Computer unterstützt und in Form von *Werkzeugen* implementiert [PaBe03, S. 713]. Im Rahmen der Konstruktionslehre wird dabei üblicherweise eine Verknüpfung der einzelnen Werkzeuge angestrebt, um eine möglichst durchgängige Unterstützung des Entwicklungsprozesses zu erreichen und einmal eingegebene Daten bzw. entstandene Ergebnisse bei der Anwendung einzelner Werkzeuge jeweils weiter verwenden zu können [PaBe03, S. 713]. Systeme, die eine solche Integration gewährleisten, werden in der Literatur auch als Konstruktionssysteme bezeichnet [PaBe03, S. 714].

Ein weiterer zentraler Bestandteil einer Konstruktionsmethodik ist die Befassung mit *Katalogen*, mit denen sich geeignete Komponenten zur Wiederverwendung systematisch auffinden und in die Konstruktionsarbeit einbeziehen lassen [PaBe03, S. 122, 129, 635]. Dabei sind vor allem Systeme für die Klassifikation von Komponenten und die effiziente Suche nach Komponenten bereitzustellen. Ergänzt werden die Elemente einer Konstruktionsmethodik schließlich durch abzudeckende Querschnittsaufgaben wie die *Qualitätssicherung* [PaBe03, S. 661] und die *Organisation* der Entwicklungsarbeit [PaBe03, S. 6, 682].

Die genannten Bausteine sind auch für die Entwicklung von Anwendungssystemen und damit für eine Konstruktionsmethodik der (Wirtschafts-) Informatik von zentraler Bedeutung. Sie bilden den Kern der zu schaffenden Konstruktionslehre (vgl. Abb. 1). Ergänzt werden diese Bausteine aus Sicht der Wirtschaftsinformatik durch die *Entwicklungsumgebung* [Ortn98, S. 330], die die Anwendung der Konstruktionsmethodik im Unternehmen beschreibt, sowie die Strategie des *Informationsmanagements*, die in die Entwicklung von Anwendungssystemen eingeht und deshalb sowohl beim Aufbau als auch bei der Anwendung einer Konstruktionslehre im Unternehmen zu berücksichtigen ist.

```
┌─────────────────────────────────────────────┐
│    Informationsmanagement / Strategie       │
│  ┌──┐ ┌──────────────────────┐ ┌──┐        │
│  │E │ │   Kataloge und Märkte│ │Q │        │
│  │n │ │ □ □ □ □ □ □ □        │ │u │        │
│  │t │ │     Werkzeuge        │ │a │        │
│  │w │ │ □ □ □ □ □ □ □        │ │l │        │
│  │. │ │     Methoden         │ │s │        │
│  │  │ │ □ □ □ □ □ □ □        │ │  │        │
│  │  │ │ Prozess/Vorgehensmod.│ │  │        │
│  │  │ │ □ □ □ □ □ □ □        │ │  │        │
│  │  │ │  Entwicklungsobjekt  │ │  │        │
│  └──┘ └──────────────────────┘ └──┘        │
│         Entwicklungsumgebung                │
└─────────────────────────────────────────────┘
```

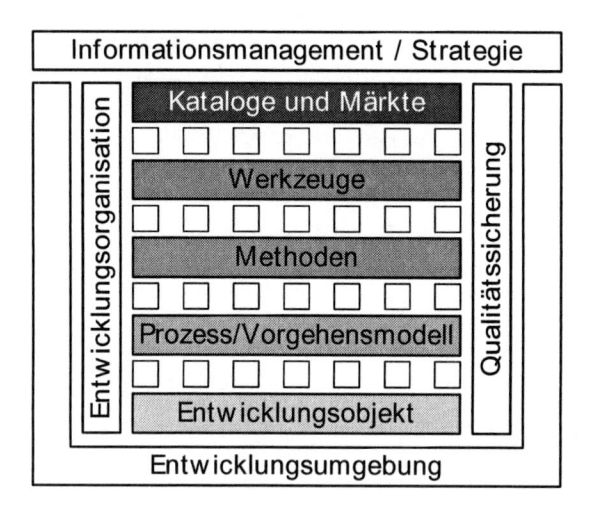

Abbildung 1. Elemente einer Konstruktionsmethodik für die (Wirtschafts-) Informatik (graphische Gestaltung in Anlehnung an [Ortn98, S. 330]).

3 Aufbau einer Konstruktionslehre

Die Schaffung einer Konstruktionslehre stellt einen zentralen Forschungsgegenstand am Lehrstuhl für Wirtschaftsinformatik und Systems Engineering der Universität Augsburg dar. Aufbauend auf der im vorangehenden Kapitel skizzierten Grundlagenforschung wird dort im Rahmen zahlreicher wissenschaftlicher Projekte versucht, eine durchgängige methodische Unterstützung für die Entwicklung von Anwendungssystemen zu erreichen und so die genannten Bausteine abzudecken. Als technische Grundlage wird dabei auf dem derzeit vorherrschenden Paradigma der komponentenorientierten Entwicklung aufgebaut, das aktuellen Technologien wie Microsofts .NET, Suns Enterprise Java Beans sowie XML Web-Services zugrunde liegt.

Verschiedene Arbeiten zu den Grundlagen des technischen Systems konzentrieren sich zunächst darauf, die Beziehung zwischen einem Anwendungssystem und seinen (Software-) Komponenten zu beschreiben, um zu einem grundlegenden Verständnis des (De-) Kompositionsprozesses zu gelangen. Das Ergebnis dieser Arbeiten ist ein technologieunabhängiges *Referenzmodell*, das eine generelle Architektur komponentenorientierter Anwendungssysteme beschreibt [Over06, S. 75-100; Turo03, S. 19-28] und dabei verschiedene Komponentenarten voneinander abgrenzt (vgl. Abb. 2). Zur formalen Begründung wird in sämtlichen Arbeiten einheitlich auf die allgemeine Systemtheorie der Technik [Ropo99] zurückgegriffen, die auch für die anderen Ingenieurswissenschaften eine zentrale Grundlage darstellt. Neben diesem Referenzmodell wird durch weitere grundlegende Arbeiten vor allem festgelegt, welche Eigenschaften von Software-Komponenten für den Entwicklungsprozess relevant sind und wie diese beschrieben werden können. Das Ziel dieser Arbeiten ist die Erstellung eines normativen *Spezifikationsrahmens* zur Beschreibung von Komponenten, der alle für die komponentenorientierte Entwicklung notwendigen Informationen liefert [Acke$^+$02; Over06; Turo03, S. 53-79]. Die Methoden und Werkzeuge der zu schaffenden Konstruktionsmethodik können dann einheitlich auf diesem Spezifikationsrahmen aufsetzen und verwenden so dieselben Daten, wodurch die gewünschte Integration gewährleistet wird [Over06, S. 5f.].

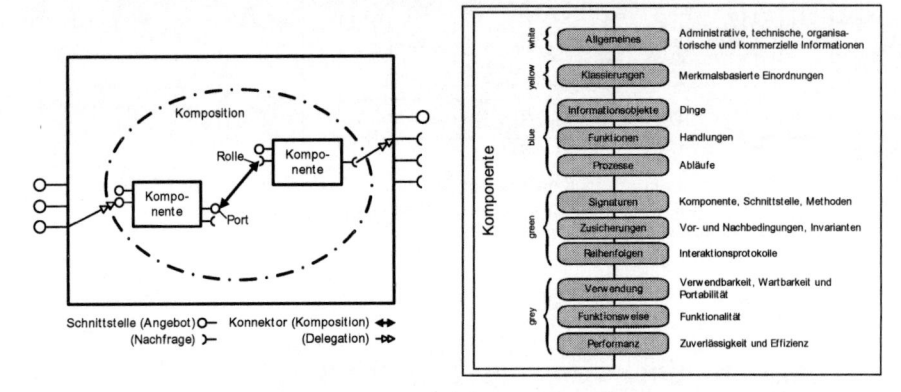

Abbildung 2. Referenzmodell der komponentenorientierten Anwendungsentwicklung und Spezifikationsrahmen (in Anlehnung an [Over06, S. 96, 133]).

Aufbauend auf diesen Arbeiten wurde ein Vorgehensmodell entwickelt, mit dem sich der komponentenorientierte Entwicklungsprozess flexibel unterstützen lässt [Over06, S. 40]. Dieses Vorgehensmodell unterscheidet verschiedene Entwicklungsphasen und lässt unterschiedliche Abläufe zu, gemäß denen diese Phasen durchlaufen werden können. Um die Arbeitsschritte während der verschiedenen Entwicklungsphasen gezielt zu unterstützen, werden Methoden und Werkzeuge weiterentwickelt, die die Identifikation [AlDi06; Alba$^+$03], Entwicklung [Turo03, S. 99-127] und Komposition [Beck$^+$06; Beck$^+$04] von Software-Komponenten erleichtern. Im Mittelpunkt der Arbeiten steht dabei speziell die Schaffung einer Kompositionsmethodik, die die Komposition von Komponenten zu Anwendungssystemen unterstützen soll. Sie besteht aus Methoden und Werkzeugen, mit denen sich die in Abb. 3 gezeigten Arbeitsschritte unterstützen lassen.

Konstruktion von Services, Komponenten und Anwendungssystemen 41

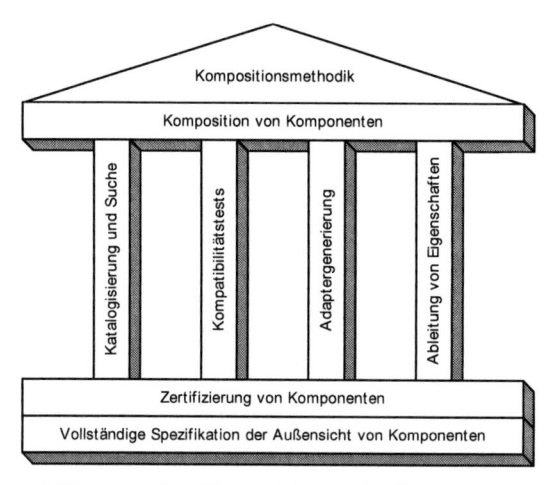

Abbildung 3. Elemente einer Kompositionsmethodik zur Unterstützung der komponentenorientierten Anwendungsentwicklung.

Die Entwicklung von Methoden und Werkzeugen zur *Zertifizierung* von Komponenten dient hauptsächlich der Steigerung des Vertrauens in die jeweils als Spezifikation bereitgestellten Informationen. Im Rahmen der Zertifizierung wird folglich vor allem die Übereinstimmung von Komponenten mit ihrer jeweils spezifizierten Außensicht untersucht und durch ein entsprechendes Zertifikat bescheinigt [Appe[+]01, S. 769; IEEE91]. Demgegenüber stellt die Entwicklung leistungsfähiger Methoden und Werkzeuge zur *Katalogisierung* von Komponenten sowie zur Suche nach ihnen vor allem eine wesentliche Voraussetzung für den Aufbau von Verzeichnissen und Bibliotheken (sog. Repositorien) dar [Mili[+]98; Same97, S. 178f.]. Mit diesen lässt sich während des Systementwurfs eine effiziente Auswahl von Komponenten für die Wiederverwendung realisieren, weshalb sie ein wichtiges Hilfsmittel für die komponentenorientierte Anwendungsentwicklung bilden [Same97, S. 178; Vith[+]03, S. 649f.]. Während der *Suche* werden die Eigenschaften der in einem Repositorium angeordneten Komponenten dann mit den Kriterien verglichen, die im Rahmen einer Anfrage formuliert wurden. Dabei ist grundsätzlich zwischen textbasierten, klassifikationsbasierten und spezifikationsbasierten Vorgehensweisen zu unterscheiden, die vor allem im Hinblick auf die Komplexität und die Qualität der ermittelten Ergebnisse voneinander abweichen [FrPo94; Mili[+]95, S. 547, 550].

Mit *Kompatibilitätstests* wird anschließend im Detail ermittelt, ob zwei Komponenten miteinander zusammenarbeiten und somit komponiert werden können [ZaWi97]. Viele der dabei gefundenen Inkompatibilitäten lassen sich durch die *Generierung* und Zwischenschaltung geeigneter *Adapter* beseitigen [YeSt97]. Schließlich sind Methoden und Werkzeuge zu entwickeln, mit denen eine *Ableitung der Eigenschaften* des zu entwickelnden Anwendungssystems auf Basis der Eigenschaften der zu verbindenden Komponenten durchgeführt werden kann.

Hierdurch wird es möglich, die aus der Verbindung von Komponenten resultierenden Eigenschaften des Gesamtsystems im Voraus, d. h. vor der Konfigurierung zu ermitteln [Wall03].

4 Verwandte Arbeiten

Der Aufbau einer Konstruktionslehre für die (Wirtschafts-) Informatik erfolgt spätestens seit den ersten Software Engineering Konferenzen der späten 1960er Jahre [NaRa69], von denen die Schaffung einer ingenieurwissenschaftlich fundierten Grundlage für die Entwicklung von Anwendungssystemen eingeleitet wurde. Die wesentliche Arbeit konzentrierte sich in den Folgejahren vor allem darauf, ein geeignetes Entwicklungsparadigma zu identifizieren, mit dem sich Anwendungen in leichter zu entwickelnde Teile zerlegen und realisieren lassen. Im Zuge dieser Aktivitäten entstanden Arbeiten zur strukturierten Entwicklung [Parn72; Wirt71], zur objektorientierten Entwicklung [CaWe85; Meye97; Nier89] und schließlich zur heutigen komponentenorientierten Entwicklung [Szyp98; Turo03] von Anwendungssystemen. Für die jeweils vorherrschenden Paradigmen wurde zudem eine Vielzahl von Vorgehensmodellen, Methoden und Werkzeugen geschaffen, mit denen die Entwicklung von Anwendungssystemen unterstützt werden sollte. Die meisten dieser Ansätze zeichnen sich jedoch dadurch aus, dass ihnen kein gemeinsames Verständnis über das unterliegende technische System und seine Bestandteile zugrunde liegt. Vielmehr basieren diese Methoden und Werkzeuge häufig auf unterschiedlichen und zum Teil widersprüchlichen Annahmen über das unterliegende technische System. Darüber hinaus verwenden sie in der Regel verschiedene Daten, so dass eine Integration dieser Methoden und Werkzeuge nicht möglich ist.

Arbeiten zu integrierten Konstruktionssystemen wurden vor allem von der Industrie durchgeführt und im Rahmen sogenannter integrierter Entwicklungsumgebungen zu einer gewissen Reife gebracht. Häufig leisten diese Entwicklungsumgebungen jedoch ebenfalls nicht die gewünschte durchgängige und theoretisch fundierte Unterstützung des Entwicklungsprozesses. Vielmehr bieten diese üblicherweise nur für ausgewählte Arbeitsschritte, etwa den Übergang vom Entwurf zur Implementierung, eine ausgereifte Unterstützung. Für die unterstützten Arbeitsschritte existiert zudem meist bereits ein seit Langem bewährtes theoretisches Fundament, wogegen der aktuelle Stand der Forschung in der Regel unberücksichtigt bleibt.

Arbeiten, die sich mit dem Aufbau einer integrierten Konstruktionsmethodik für die (Wirtschafts-) Informatik befassen, existieren trotz der mehrjährigen Geschichte des Software Engineering bislang kaum. Zu den Arbeiten, die sich entweder mit den Elementen einer solchen Konstruktionsmethodik oder einer angestrebten durchgängigen Unterstützung und Systematisierung des Entwicklungsprozesses beschäftigen gehören bspw. [HeCo01; Ortn98].

5 Schlussbetrachtung

In den vorangehenden Kapiteln wurde die Notwendigkeit beschrieben, mit der Hinwendung zu einer ingenieurmäßigen Entwicklung von Anwendungssystemen gleichzeitig auch den Aufbau einer Konstruktionslehre für die (Wirtschafts-) Informatik voranzutreiben. Diese soll die grundlegenden methodischen Kenntnisse, die zur ingenieurmäßigen Entwicklung von Anwendungssystemen benötigt werden, in einer systematisch lehrbaren Weise vermitteln. Im Zentrum einer solchen Konstruktionslehre steht dabei die Konstruktionsmethodik, deren Bausteine in Kapitel 2 aus den anderen Ingenieursdisziplinen abgeleitet und zu einem Gesamtbild für die Ingenieursdisziplin (Wirtschafts-) Informatik zusammengeführt wurden.

Um eine solche Konstruktionslehre aufbauen zu können, sind neben der Entwicklung von Methoden und Werkzeugen, die spätestens seit den Software Engineering Konferenzen der 1960er Jahre im Mittelpunkt des Forschungsinteresses steht, vor allem integrative Grundlagen zu legen, mit denen sich einzelne Methoden und Werkzeuge zu dem gewünschten ganzheitlichen Ansatz zusammenführen lassen. Auf der Basis solcher integrativen Grundlagen wäre es vor allem möglich, spezialisierte Methoden und Werkzeuge arbeitsteilig von verschiedenen Parteien entwickeln zu lassen und gleichzeitig deren Integration gezielt zu gewährleisten. Für den Entwickler ergibt sich erst aus der Integration dieser Methoden und Werkzeuge die benötigte Unterstützung, um Anwendungssysteme mit den heute geforderten Eigenschaften effizient entwickeln zu können.

Vor allem das Software Engineering ist mit dem Anspruch gestartet, die Entwicklung von Anwendungssystemen auf wissenschaftlicher Grundlage zu systematisieren und die Entwicklungsarbeit von einer handwerklichen Tätigkeit, deren Ergebnis maßgeblich von den Erfahrungen und Fähigkeiten des Einzelnen geprägt wird, zu einer lehr- und erlernbaren Ingenieurtätigkeit weiterzuentwickeln. Die hierzu einzusetzenden Methoden und Werkzeuge werden von den verschiedenen Parteien bis heute jedoch üblicherweise mit dem gleichen handwerklichen Ansatz entwickelt und sind meist nicht in der Lage, auf der Grundlage einer gemeinsamen Datenbasis in integrierter und ineinandergreifender Weise zusammenzuarbeiten.

In der (Wirtschafts-) Informatik ist daher auch eine ingenieurwissenschaftliche Vorgehensweise bei der Entwicklung von Methoden und Werkzeugen anzustreben. Als theoretisches Fundament ist dabei einerseits die vertiefte Beschäftigung mit dem Aufbau und der Funktionsweise einer Konstruktionslehre notwendig. Dabei können die anderen Ingenieursdisziplinen (wie bereits gezeigt) wertvolle Hilfestellungen geben. Andererseits ist es notwendig, zu einem gemeinsamen Verständnis des Entwicklungsparadigmas (also bspw. der komponentenorientierten Anwendungsentwicklung) zu gelangen und sich über die bereitzustellenden Daten über die Bestandteile eines Anwendungssystems zu einigen.

Schließlich ist die Entwicklung von Methoden und Werkzeugen auf der Basis eines gemeinsamen Vorgehensmodells, das den Entwicklungsprozess beschreibt, in koordinierter und abgestimmter Form voranzutreiben. Gerade die Integrationsleistung, die bereits erforschte Ansätze unter Beibehaltung ihrer zentralen Eigenschaften und Leistungen zu einem abgestimmten Ansatz zusammenführt, ist dabei in der (Wirtschafts-) Informatik stärker als wichtige Forschungsleistung anzuerkennen und, etwa auf wissenschaftlichen Konferenzen, auch entsprechend zu fördern.

Literatur

[Acke+02] Ackermann, J.; Brinkop, F.; Conrad, S.; Fettke, P.; Frick, A.; Glistau, E.; Jaekel, H.; Kotlar, O.; Loos, P.; Mrech, H.; Ortner, E.; Overhage, S.; Raape, U.; Sahm, S.; Schmietendorf, A.; Teschke, T.; Turowski, K. (2002). Vereinheitlichte Spezifikation von Fachkomponenten: Gesellschaft für Informatik (GI).

[AlDi06] *Albani, A.; Dietz, J.*: The Benefit of Enterprise Ontology in Identifying Business Components. In: *M. Bramer (Hrsg.)*: IFIP International Federation for Information Processing: Artificial Intelligence in Theory and Practice IFIP 19th World Computer Congress, TC 12: IFIP AI 2006 Stream, August 21–24, 2006. Santiago, Chile 2006

[Alba+03] *Albani, A.; Keiblinger, A.; Turowski, K.; Winnewisser, C.*: Komponentenmodell für die strategische Lieferkettenentwicklung. In: *W. Uhr; W. Esswein; E. Schoop (Hrsg.)*: Wirtschaftsinformatik 2003, Medien, Märkte, Mobilität, Band II. Dresden, Germany 2003, S. 61-80

[AlFr98] *Allen, P.; Frost, S.*: Component-Based Development for Enterprise Systems: Applying the SELECT Perspective. Cambridge University Press, Cambridge, MA 1998.

[Appe+01] *Apperly, H.; Booch, G.; Councill, W. T.; Griss, M.; Heineman, G. T.; Jacobson, I.; Latchem, S.; McGibbon, B.; Norris, D.; Poulin, J.*: The Near-Term Future of Component-Based Software Engineering. In: *W. T. Councill; G. T. Heineman (Hrsg.)*: Component-Based Software Engineering: Putting the Pieces Together. Addison-Wesley, Upper Saddle River, NJ 2001, S. 753-774.

[Bach+00] Bachmann, F.; Bass, L.; Buhman, C.; Cornella-Dorda, S.; Long, F.; Robert, J.; Seacord, R.; Wallnau, K. C. (2000). Technical Concepts of Component-Based Software Engineering, Second Edition: Software Engineering Institute, Carnegie Mellon University.

[Beck+06] *Becker, S.; Brogi, A.; Gorton, I.; Overhage, S.; Romanovsky, A.; Tivoli, M.*: Towards an Engineering Approach to Component Adaptation. In: *R. Reussner; J. Stafford; C. Szyperski (Hrsg.)*: Architecting Systems with Trustworthy Components,

International Seminar, December 12-17, 2004. Bd. 3938, Dagstuhl Castle, Germany 2006, S. 193-215

[Beck⁺04] *Becker, S.; Firus, V.; Giesecke, S.; Hasselbring, W.; Overhage, S.; Reussner, R.*: Towards a Generic Framework for Evaluating Component-Based Software Architectures. In: *K. Turowski (Hrsg.)*: Architekturen, Komponenten, Anwendungen (AKA 2004). Bd. P-57, Augsburg, Germany 2004, S. 163-180

[Brow00] *Brown, A. W.*: Large-Scale, Component-Based Development. Prentice Hall, Upper Saddle River, NJ 2000.

[CaWe85] *Cardelli, L.; Wegner, P.*: On Understanding Types, Data Abstraction, and Polymorphism. In: ACM Computing Surveys 17 (1985) 4, S. 471-521.

[ChDa01] *Cheesman, J.; Daniels, J.*: UML Components: A Simple Process for Specifying Component-Based Software. Addison-Wesley, Upper Saddle River, NJ 2001.

Crnkovic, I. (2002). Component-Based Software Engineering - New Challenges in Software Development. Software Focus. 2: 127-133.

[CzEi00] *Czarnecki, K.; Eisenecker, U. W.*: Generative Programming: Methods, Tools, and Applications. Addison-Wesley, Upper Saddle River, NJ 2000.

[DSWi99] *D'Souza, D. F.; Wills, A. C.*: Objects, Components, and Frameworks with UML: The Catalysis Approach. Addison-Wesley, Upper Saddle River, NJ 1999.

[FrPo94] *Frakes, W. B.; Pole, T. P.*: An Empirical Study of Representation Methods for Reusable Software Components. In: IEEE Transactions on Software Engineering 20 (1994) 8, S. 617-630.

[Garl⁺95] *Garlan, D.; Allen, R.; Ockerbloom, J.*: Architectural Mismatch: Why Reuse is So Hard. In: IEEE Software 12 (1995) 6, S. 17-26.

[Grif98] *Griffel, F.*: Componentware: Konzepte und Techniken eines Softwareparadigmas. dpunkt, Heidelberg 1998.

[HeCo01] *Heineman, G. T.; Councill, W. T. (Hrsg.)*: Component-Based Software Engineering: Putting the Pieces Together. Addison-Wesley, Upper Saddle River, NJ 2001.

[Herr⁺01] *Herrmann, S.; Mezini, M.; Ostermann, K.*: Joint Efforts to Dispel an Approaching Modularity Crisis: Divide et Impera, Quo Vadis? In: *J. Bosch; C. Szyperski; W. Weck (Hrsg.)*: 6th Workshop on Component-Oriented Programming (WCOP'01). Budapest, Hungary 2001

[HeSi00] *Herzum, P.; Sims, O.*: Business Component Factory: A Comprehensive Overview of Component-Based Development for the Enterprise. John Wiley & Sons, New York, NY 2000.

[IEEE91] IEEE (1991). IEEE Standard Glossary of Software Engineering Terminology. New York: Institute of Electrical and Electronics Engineers.

[Kurb⁺94] *Kurbel, K.; Rautenstrauch, C.; Opitz, B.; Scheuch, R.*: From "Make or Buy" to "Make and Buy": Tailoring Information Systems Through Integration Engineering. In: Journal of Database Management 5 (1994) 3, S. 18-30.

[Lim94] *Lim, W. C.*: Effects of Reuse on Quality, Productivity, and Economics. In: IEEE Software 11 (1994) 5, S. 23-30.

[Maur00] *Maurer, P. M.*: Components: What If They Gave a Revolution and Nobody Came? In: IEEE Computer 33 (2000) 6, S. 28-34.

[McIl68] *McIlroy, M. D.*: Mass Produced Software Components. In: *P. Naur; B. Randell (Hrsg.)*: Software Engineering: Report on a Conference by the NATO Science Committee. Brussels 1968, S. 138-150

[Meye97] *Meyer, B.*: Object-Oriented Software Construction. 2. Aufl., Prentice Hall, Upper Saddle River, NJ 1997.

[Meye97] *Meyer, B.*: Object-Oriented Software Construction. Upper Saddle River, NJ 1997

[Mili+95] *Mili, H.; Mili, F.; Mili, A.*: Reusing Software: Issues and Research Directions. In: IEEE Transactions on Software Engineering 21 (1995) 6, S. 528-561.

[Mili+98] *Mili, R.; Mili, A.; Mittermeir, R. T.*: A Survey of Software Storage and Retrieval. In: Annals of Software Engineering 5 (1998) 2, S. 349-414.

[NaRa69] *Naur, P.; Randell, B. (Hrsg.)*: Software Engineering: Report on a Conference by the NATO Science Committee. Brussels 1969.

[Nier89] *Nierstrasz, O.*: A Survey of Object-Oriented Concepts. In: *W. Kim; F. H. Lochovsky (Hrsg.)*: Object-Oriented Concepts, Databases, and Applications. Addison-Wesley, Reading, MA 1989, S. 3-21.

[OMG03] OMG (2003). UML 2.0 Superstructure Specification: Object Management Group.

[Orfa+96] *Orfali, R.; Harkey, D.; Edwards, J.*: The Essential Distributed Objects Survival Guide. John Wiley & Sons, New York, NY 1996.

[Ortn98] *Ortner, E.*: Ein Multipfad-Vorgehensmodell für die Entwicklung von Informationssystemen - dargestellt am Beispiel von Workflow-Management Anwendungen. In: Wirtschaftsinformatik 40 (1998) 4, S. 329-337.

[Ott94] *Ott, H. J.*: Das "Ingenieurgemäße" am Software-Engineering. In: GI Softwaretechnik-Trends: Mitteilungen der Fachgruppen "Software-Engineering" und "Requirements-Engineering" 14 (1994) 1, S. 31-37.

[Over06] Overhage, S. (2006). Vereinheitlichte Spezifikation von Komponenten: Grundlagen, UnSCom Spezifikationsrahmen und Anwendung. Dissertation, Wirtschaftswissenschaftliche Fakultät. Augsburg: Universität Augsburg.

[PaBe03] *Pahl, G.; Beitz, W.*: Konstruktionslehre: Grundlagen erfolgreicher Produktentwicklung. Methoden und Anwendung. 5. Aufl., Springer, Berlin, Heidelberg 2003.

[Parn72] *Parnas, D. L.*: On the Criteria to be Used in Decomposing Systems into Modules. In: Communications of the ACM 15 (1972) 12, S. 1053-1058.

[Pine93] *Pine II, B. J.*: Mass Customization: The New Frontier in Business Competition. Harvard Business School Press, Boston, MA 1993.

[Ropo99] *Ropohl, G.*: Allgemeine Technologie. 2. Aufl., Hanser, München, Wien 1999.

[Same97] *Sametinger, J.*: Software Engineering with Reusable Components. Springer, Berlin, Heidelberg 1997.

[ShGa96] *Shaw, M.; Garlan, D.*: Software Architecture: Perspectives on an Emerging Discipline. Prentice Hall, Upper Saddle River, NJ 1996.

[Spee[+]01] *Speed, J.; Councill, W. T.; Heineman, G. T.*: Component-Based Software Engineering as a Unique Engineering Discipline. In: *W. T. Councill; G. T. Heineman (Hrsg.)*: Component-Based Software Engineering: Putting the Pieces Together. Addison-Wesley, Upper Saddle River, NJ 2001, S. 673-691.

[Szyp98] *Szyperski, C.*: Component Software: Beyond Object-Oriented Programming. Addison-Wesley, Harlow 1998.

[Szyp[+]02] *Szyperski, C.; Gruntz, D.; Murer, S.*: Component Software: Beyond Object-Oriented Programming. 2. Aufl., Addison-Wesley, Harlow 2002.

[Turo03] *Turowski, K.*: Fachkomponenten: Komponentenbasierte betriebliche Anwendungssysteme. Shaker, Aachen 2003.

[Vith[+]03] *Vitharana, P.; Zahedi, F.; Jain, H.*: Knowledge-Based Repository Scheme for Storing and Retrieving Business Components: A Theoretical Design and an Empirical Analysis. In: IEEE Transactions on Software Engineering 29 (2003) 7, S. 649-664.

[Wall03] Wallnau, K. C. (2003). A Technology for Predictable Assembly from Certifiable Components: Software Engineering Institute, Carnegie Mellon University.

[Weyu01] *Weyuker, E. J.*: The Trouble with Testing Components. In: *W. T. Councill; G. T. Heineman (Hrsg.)*: Component-Based Software Engineering: Putting the Pieces Together. Addison-Wesley, Upper Saddle River, NJ 2001, S. 499-512.

[Wirt71] *Wirth, N.*: Program Development by Stepwise Refinement. In: Communications of the ACM 14 (1971) 4, S. 221-227.

[YeSt97] *Yellin, D. M.; Strom, R. E.*: Protocol Specifications and Component Adaptors. In: ACM Transactions on Programming Languages and Systems 19 (1997) 2, S. 292-333.

[ZaWi97] *Zaremski, A.; Wing, J. M.*: Specification Matching of Software Components. In: ACM Transactions on Software Engineering and Methodology 6 (1997) 4, S. 333-369.

Compliance Engineering

Andreas Abel
GAD eG, Münster

Abstract: Die Einhaltung von zwingend vorgeschriebenen Anforderungen für Software-Lösungen in regulierten Einsatzbereichen ist eine Problematik, die kommerzielle Software-Hersteller und Integratoren lösen müssen. Es wird ein branchenneutrales Vorgehensmodell als Teilbereich des Requirements-Engineering skizziert, mit dessen Hilfe diese Problematik angegangen werden kann. Es besteht im wesentlichen aus der Herleitung, Nutzung und Umsetzung einer Compliance-Matrix in Verbindung mit einer Requirements-Traceability-Matrix. Für die Strukturierung der Compliance-Matrix werden die aktuellen ISO-Normen 9001, 90003 und 9126-1 angewandt, so dass bei einer konsequenten Umsetzung des skizzierten Vorgehensmodells im Rahmen des Entwicklungsprozesses, das entstandene Software-Produkt einer entsprechenden Qualitätsprüfung unterzogen werden könnte.

Keywords: Compliance-Engineering, Compliance-Matrix, Requirements-Engineering, Requirements-Traceability-Matrix, Qualitätsmanagement

Schöne neue Welt – leider nicht

Die Software-Intensität unseres Wirtschaftssystem hat sich stetig seit der Industrialisierung erhöht. Die Möglichkeiten, die bereits heute genutzt werden, lösen bisherige monolithische Systeme in immer granularere Komponenten auf und verteilen sie im Netzwerk, das selbst global geworden ist. In vielen Branchen sind neben den Mitarbeitern in den Unternehmen auch die Kunden selbst Anwender derselben betrieblichen Anwendungssoftware, frei nach dem Motto: every one, every time, every where with everything. Hinzu kommt eine Vielzahl von Schnittstellen zu anderen Systemen inner- und außerhalb des Unternehmens. Eine systemtechnische Unternehmensgrenze läßt sich in einer hochgradig vernetzten Welt im Grunde kaum noch erkennen.

Dennoch existieren auch in einer solchen Welt mit vielfältigen Gestaltungsmöglichkeiten weiterhin sowohl alte Technologien wie z.B. die doppelte Buchführung aus dem mittelalterlichen Italien inkl. der Grundsätze ordnungsmäßiger Buchführung als auch strafbewährte Gesetze, die seitens der Unternehmensführungen, die sich in der Regel als natürliche Personen eindeutig identifizieren lassen, einzuhalten sind. Darüber hinaus führt die deutliche Mißachtung bestimmter Regularien auch für Unternehmen, die meist juristische Personen sind, zur Auflösung veranlasst durch Aufsichts- oder Finanzbehörden, deren Regeln wohl nie der schönen neuen IT-Welt entsprechen werden.

Wie können nun die Software-Hersteller die immer wieder neuen technischen Möglichkeiten der Software-Industrie nutzen, ohne damit einen direkten Verstoß gegen bestehende Regularien zu verursachen, denen die Zielgruppen der eigenen Produkte eventuell unterworfen sind? Dieser Frage widmet sich der nachfolgende Artikel. Zu Risiken oder Nebenwirkungen fragen sie bitte ihren Rechtsbeistand oder Qualitätsmanager.

1 Einleitung

Bei der Entwicklung von IT-Lösungen lassen sich grundlegend zwei deutlich verschiedenartige Arten von Einsatzbereichen unterscheiden. Auf der einen Seite existieren regulierte und standardisierte Einsatzbereiche mit einer Vielzahl von spezifischen Regelungen. Auf der anderen Seite finden sich neue Einsatzgebiete, in denen sich derartige Regelungen (noch) nicht etabliert haben und bei denen hohe Freiheitsgrade bzgl. der Softwareentwicklung und dem fertigen Software-Produkt bestehen. Dieser Artikel skizziert ein Vorgehensmodell für die Identifikation und Umsetzung der in Gesetzen, Regelungen und Standards festgelegten Vorgaben im Sinne von Mindestanforderungen im Rahmen des Entwicklungsprozesses von IT- bzw. Software-Systemen für regulierte Einsatzgebiete wie z.B. bei Banken oder Finanzdienstleistern. Dieses Vorgehensmodell wird vom Autor als Compliance-Engineering bezeichnet und ist aus seiner Sicht eine Teildisziplin des Requirements Engineering. Der Begriff Software-System bzw. Software-Produkt bezieht sich im weiteren gemäß der ISO/IEC 90003:2004 auf ein „set of computer programs, procedures, and possibly associated documentation and data" [ISO2004, S. 4]. Die im Artikel aufgeführten Beispiele beziehen sich exemplarisch auf Quellen mit Relevanz für Banken, die der deutschen Bankenaufsicht unterliegen.

Bereits zu Beginn einer Software-Entwicklung ist zu beachten, dass in regulierten Einsatzbereichen die vollständige Umsetzung von bestimmten Mindestanforderungen eine zwingende Voraussetzung für einen Markteintritt und dauerhaften Markterfolg sind. Der Software-Anbieter sollte bzgl. derartiger Anforderungen sein Produkt nicht erst beim Kunden reifen lassen, da dieser im schlechtesten Falle ein derartiges Produkt für seine Zwecke gar nicht einsetzen darf und somit der eigene Markterfolg gefährdet ist. Die Herausforderung besteht für den Anbieter nun darin, die mit der Umsetzung der Mindestanforderungen verbundene Mindestqualität von Software-Produkten ab der ersten Version zu identifizieren und konstruktiv zu erzeugen und nicht erst durch Einsatz seiner Produkte beim Anwender reifen zu lassen.

Mit dem im weiteren skizzierten Vorgehensmodell soll eine grundlegende branchenneutrale Methodik aufgezeigt werden, um mit derartigen Mindestanforderungen im Rahmen des Requirements-Engineering und der Software-Entwicklung umzugehen. Diese Methodik orientiert sich dabei an den Anforderungen und der Nomenklatur der Normen ISO 9001:2001 bzw. ISO 90003:2004. Ziel ist es eine Mindestqualität konstruktiv erzeugbar zu machen, die es dem Anwender ermöglicht, dass Software-Produkt bereits in der ersten marktfähigen Version für den spezifizierten Gebrauch nutzen zu dürfen. Unberücksichtigt bleibt dabei, daß diese Mindestqualität aus Anwendersicht noch keine Spitzenqualität bedeutet.

Exkurs: Compliance-relevante Quellen unterliegen in der Regel einem langwierigen Änderungsprozess (z.b. der Gesetzgebung). Daher bietet es sich an, bei Software-Herstellern, die Lösungen für hochregulierte Märkte anbieten, eine dauerhafte Organisationseinheit festzulegen, die sich speziell mit dem Compliance-Engineering und der Überführung der abgeleiteten Mindestanforderungen in die eigene Organisation als Bestandteil des Qualitätsmanagements auseinandersetzt.

2 Schritte des Compliance-Engineering

Das im weiteren skizzierte Vorgehensmodell beinhaltet dabei folgende Schritte:

1. Identifikation des konkreten Einsatzbereiches bzw. Systemkontextes des betrachteten Software-Produktes

2. Nutzung einer Compliance-Matrix zur Identifikation der für den festgelegten Einsatzbereich relevanten Quellen, in denen Anforderungen im Sinne einer Mindestqualität enthalten sein können

3. Überführung der Anforderungen aus den identifizierten Quellen in konkrete umsetzbare Anforderungsartefakte [Pohl2007, S. 42ff.]. „Ein Anforderungsartefakt ist eine dokumentierte Anforderung" [Pohl2007, S. 14].

4. Einordnung der Compliance-Anforderungsartefakte in eine Requirements-Traceability-Matrix [ISO9004, S. 17]

5. Festlegung von Abnahmekriterien zur Validierung der Compliance-Anforderungsartefakte im Entwicklungsprozess

6. Festlegung von Test- und Abnahmekriterien zur Verifizierung der Compliance-Anforderungsartefakte im Entwicklungsprozess

7. Zertifizierung des Software-Produktes durch eine geeignete externe Zertifizierungsorganisation im Sinne eines Qualitätssiegels zur Bestätigung der Einhaltung der relevanten Mindeststandards gegenüber den Anwendern

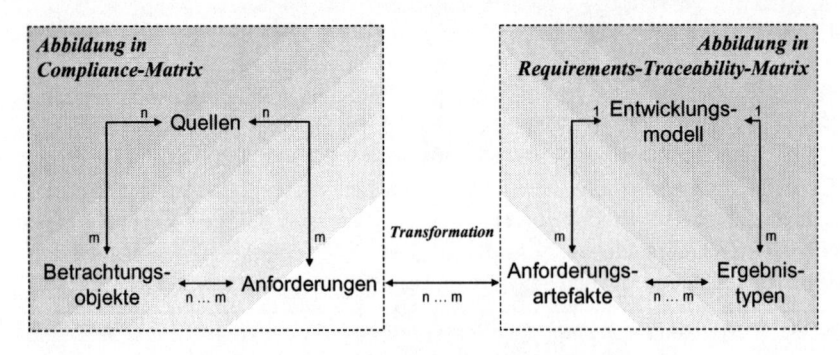

Abbildung 1: Compliance-Engineering im Überblick

3 Identifikation des relevanten Einsatzbereiches

Bei der Identifikation des Einsatzbereiches muß der Software-Anbieter im optimalen Fall gemeinsam mit den (potentiellen) Anwendern den gewünschten Systemzweck inkl. Systemkontext (specific context of use) möglichst vollständig festlegen und dabei die spezifische Einsatzumgebung sowie den spezifischen Systemzusammenhang charakterisieren [ISO2001, S. 3ff.]. Hierzu zählen vor allem die Gegenstandsfacette, die Nutzungsfacette, die IT-Systemumgebung sowie Entwicklungsaspekte [Pohl2007, S. 39ff.]. Bei der Herleitung des Systemkontextes kann man sich am Geschäftsmodell der (potentiellen) Anwender, der Zielbranchen und dem zu erwartetenden bzw. gewollten Einsatzbereich in der Praxis orientieren [Abel2004, S. 24ff.].

4 Erzeugung und Nutzung einer Compliance-Matrix

4.1 Grundlagen eines Compliance-Matrix

Da die abzuleitenden Mindestanforderungen im Sinne des Compliance-Engineering die Basis für einen erlaubten Einsatz des Software-Produktes bei den Anwendern erzeugen – quasi als Grundlage zur Erzeugung von Kundenzufriedenheit – wird der Rahmen zur Identifikation der für den Einsatzbereich relevanten Quellen, in denen Vorgaben für Mindestanforderungen enthalten sein können, aus folgenden Normen abgeleitet:

1. DIN EN ISO 9001:2000 - Qualitätsmanagementsysteme Anforderungen

2. ISO/IEC 90003:2004 - Software engineering - Guidelines for the application of ISO 9001:2000 to computer software

3. ISO/IEC 9126-1:2001 - Software engineering - Product quality - Part 1: Quality model

Der mit Hilfe dieser Normen aufgespannte Rahmen wird im weiteren als Compliance-Matrix bezeichnet.

4.2 Requirements-Dimension einer Compliance-Matrix

Die erste Dimension – genannt Requirements-Dimension (kurz RD) – wird unter Anwendung der Norm DIN EN ISO 9001:2001 erzeugt, in den Klammern werden dabei die entsprechenden Normabschnitte aufgeführt:

1. Abschnitt I: Kundenanforderungen
   vom (potentiellen) Anwender festgelegte Anforderungen)
   a) Anforderungen in Bezug auf das Produkt (DIN EN ISO 9001 7.2.1 a)
   b) Anforderungen hinsichtlich Lieferung (DIN EN ISO 9001 7.2.1 a)
   c) Anforderungen hinsichtlich Tätigkeiten nach der Lieferung (DIN EN ISO 9001 7.2.1 a)

2. Abschnitt II: eigene Anforderungen
   alle vom Hersteller des Software-Produktes selbst festgelegten Anforderungen (DIN EN ISO 9001 7.2.1 d)

3. **Abschnitt III: Compliance-Anforderungen**
   a) **vertragliche Anforderungen** (DIN EN ISO 9001 7.2.2 und ISO 90003 7.2.2.1 g),
   b) **zwingend erforderliche** vom (potentiellen) Anwender nicht angegebene **Anforderungen**, die jedoch für den festgelegten oder den beabsichtigten Gebrauch, soweit bekannt, notwendig sind (DIN EN ISO 9001 7.2.1 b)
   Hierzu zählen z.B. nationale und internationale Normen sowie Branchen- (z.B. Standards des Zentralen Kreditausschuß) und Prüfungsstandards (z.B. IdW-Standards).
   c) **gesetzliche Anforderungen** in Bezug auf das Produkt (DIN EN ISO 9001 7.2.1 c)
   Unter diesen Punkt fallen allgemeine gesetzliche Regelungen (z.B. Handelsgesetzbuch), rechtsformspezifische Gesetze (z.B. Aktiengesetzbuch) und branchen- bzw. einsatzspezifische Gesetze (z.B. Kreditwesengesetz).
   d) **behördliche Anforderungen** in Bezug auf das Produkt (DIN EN ISO 9001 7.2.1 c)
   H.ier finden sich u.a. Vorgaben (z.B. Grundsätze ordnungsmäßiger DV-gestützter Buchführungssysteme – kurz GoBS, Mindestanforderungen an das Risikomanagement – kurz MARisk) seitens der Finanz- und

Aufsichtsbehörden (z.B. Bundesministerium der Finanzen, Bundesanstalt für Finanzdienstleistungsaufsicht)

4.3 Context-Dimension einer Compliance-Matrix

Die zweite Dimension – genannt Context-Dimension (kurz CD) –der Compliance-Matrix wird auf Basis des grundlegenden Qualitätsmodells der ISO -Norm 9126-1:2001 und der Übertragungen der ISO 9001:2001 auf Software-Produkte, die in der ISO 90003:2004 vorgenommen wurde, erzeugt:

1. Abschnitt I: Gegenstands- und Nutzungsfacette (specific context of use)
   a) Funktionalität (Functionality – ISO 9216-1 6.1)
   b) Zuverlässigkeit (Reliability – ISO 9216-1 6.2)
   c) Gebrauchsfähigkeit (Usability – ISO 9216-1 6.3)
   d) Effizienz (Efficiency – ISO 9216-1 6.4)
   e) Wartbarkeit (Maintainability – ISO 9216-1 6.5)
   f) Übertragbarkeit (Portability – ISO 9216-1 6.6)

2. IT-Systemfacette (specific environment)
   a) Standards für das Software-Design (ISO 90003 7.2.2.1 b)
   b) Lebenszyklusmodell für Software-Produkte aus Sicht des (potentiellen) Anwenders (ISO 90003 7.2.2.1 g)
   c) Betriebssystem- und Hardware-Plattform (ISO 90003 7.2.21 d)
   d) Schnittstellen zu anderen Software-Produkten und Systemen (ISO 90003 7.2.2.1 e)
   e) Laufzeitumgebung für den Betrieb des Softwareproduktes (ISO 90003 7.2.2.1 c und g)
   f) Anforderungen bzgl. Vervielfältigung (replication) und Software-Logistik (distribution) (ISO 90003 7.2.2.1 e)

3. Entwicklungsfacette (specific design and development process)
   a) Standards für die Software-Entwicklung (ISO 90003 7.2.2.1 b)
   b) Management der Software-Entwicklung (ISO 90003 7.2.2.1 h)
   c) Management der Inbetriebnahme (ISO 90003 7.2.2.1 h)
   d) Vertrags- und Sicherheitsaspekte der Software-Entwicklung und Inbetriebnahme (ISO 90003 7.2.21 i).
   Hier finden sich Detailthemen wie z.B. Vertraulichkeitspflichten zwischen den beteiligten Vertragsparteien, die Verantwortung für die Masterkopie des Softwareproduktes, die Einhaltung von Lizenzen, Patenten und Markenrechten sowie Garantievereinbarungen und mögliche Vertragsstrafen.

4.4 Source-Dimension einer Compliance-Matrix

Die dritte Dimension der Compliance-Matrix besteht aus den konkreten zu identifizieren Quellen, die Relevanz für den Einsatzbereich haben. Diese Quellen legen die Rahmenbedingungen für die Systementwicklung fest und schränken das Spektrum möglicher Realisierungen ein [Pohl2007, S. 19f.]. Darüber hinaus liefern sie eine Vielzahl von Definitionen und Anforderungen, die bei der Spezifikation des Einsatzbereich [Pohl2007, S. 19f.] und bei der sachlichen Konfliktlösung helfen können [Pohl2007, S. 404]. Durch die aktive Nutzung dieser Quellen wird grundsätzlich die Unsicherheit bzgl. des Einsatzbereiches für die am Entwicklungsprozess Beteiligten reduziert und die Qualität des Software-Produktes prinzipiell erhöht. Bei jedem Implementierungsschritt kann gegen diese Mindestanforderungen validiert werden, ob der unter Berücksichtigung der relevanten Regelungen erlaubte Lösungsraum noch eingehalten worden ist und insoweit das richtige System entwickelt wird. Die Zusammenführung aller drei Dimensionen der Compliance-Matrix findet sich in Abbildung 2.

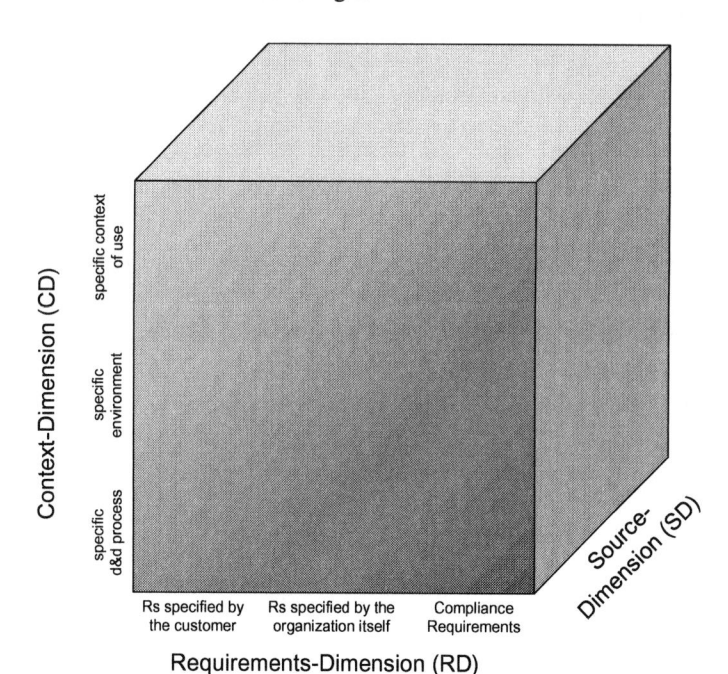

Abbildung 2: Compliance-Matrix

4.4 Nutzung einer Compliance-Matrix

Nachdem der konkrete Einsatzbereich hinreichend charakterisiert wurde, sind mit Hilfe der Compliance-Matrix die Compliance-Anforderungen im Bezug zur Context-Dimension durch Fachexperten zu füllen.

1. Es bietet sich an, in einem ersten Schritt die aktuelle Vertragssituation auf Basis der vereinbarten allgemeinen Geschäftsbedingungen, eventuell vorhandener Rahmen- und konkreter Projekt- bzw. Lizenzverträge zu analysieren (ISO 9001 Abschnitt 7.2.2). Hierbei können sich direkte Hinweise auf zwingend einzuhaltende Leistungs- und Qualitätsstandards sowie gesetzliche Regelungen aus Sicht der (potentiellen) Anwender ergeben.

2. Im zweiten Schritt werden mit Hilfe von nationalen und internationalen Normen sowie Branchen- und Prüfungsstandards vom (potentiellen) Anwender nicht angegebene aber für den festgelegten oder beabsichtigten Gebrauch zwingend notwendige Anforderungen abgeleitet (ISO 9001 Abschnitt 7.2.1 b). Im Rahmen derartiger Standards ergeben sich widerum Verweise auf gesetzliche bzw. behördliche Regelungen.

3. Im dritten Schritt werden die zu berücksichtigenden allgemeinen Gesetze sowie die rechtsform-, branchen- und einsatzspezifischen Gesetze identifiziert (ISO 9001 Abschnitt 7.2.1 c). Hier bietet es sich an, möglichst mit den konkretesten Regelungen bzgl. des Einsatzgebietes zu beginnen und von dort übergeordnete Gesetze abzuleiten.

4. Im letzten Schritt werden dann die behördlichen Regelungen der relevanten Aufsichts- und Finanzbehörden sowie weiterer amtlicher Stellen identifiziert (ISO 9001 Abschnitt 7.2.1 c).

5. Am Ende ergibt sich eine Aufstellung einer Vielzahl von Quellen mit Anforderungen für das Software-Produkt selbst bzw. dessen System- und Entwicklungskontext. Die einzelnen Quellen werden der Source-Dimenstion der Compliance-Matrix zugeordnet. Die in den Quellen enthaltenen Anforderungen werden nun den drei Facetten mit ihren Unterabschnitten der Context-Dimension sowie gemäß ihrer Quelle der Requirements-Dimension zugeordnet.

5 Ableitung der Compliance-Anforderungen

Im nächsten Schritt sind die Anforderungen als Inhalte der Quellen in konkrete umsetzbare Anforderungsartefakte zu überführen und den relevanten Phasen des gewählten Vorgehensmodells (z.B. Rational Unified Process, V-Modell XT) und den damit verbundenen Ergebnistypen zur Realisierung zuzuordnen. Die Dimension, die die Ergebnistypen enthält, ist dabei gleichzeitig eine Stückliste aller erforderlichen Vorprodukte bzw. Vorleistungen bis zum fertigen Software-Produkt.

Aus den Anforderungsartefakten, den Phasen des Entwicklungsmodells und der Stückliste mit den darin enthaltenen Ergebnistypen ergibt sich dann eine Requirements-Traceability-Matrix, mit deren Hilfe sich der Lebenszyklus und Realisierungsstand der einzelnen Anforderungen während der Software-Entwicklung verfolgen läßt [ISO9004, S. 17]. Die Verbindung der Requirements-Traceability-Matrix mit der Compliance-Matrix erlaubt es, jedes einzelne Anforderungsartefakt vom fertigen Software-Produkt zurück über die vorgelagerten Vorprodukte (intermediate products [ISO2001, S. 1]) bis hin zu den Quellen und deren Zuordnung zum Systemkontext nachzuvollziehen sowie eine umfassende Prüffähigkeit des Produktes, der Vorprodukte und des Entwicklungsprozesses zu erzeugen.

Da die Quellen in der Regel vor allem natürlichsprachliche Inhalte aufweisen, bestehen bei der Überführung der Anforderungen in umsetzbare Anforderungsartefakte die üblichen Nachteile, die im Rahmen des Requirements Engineering gelöst werden müssen [Pohl2007, S. 239ff.]:

1. Unterspezifikation bzw. Mehrdeutigkeiten innerhalb einer Quelle und zwischen verschiedenen Quellen
    a) lexikalische Mehrdeutigkeiten
    b) syntaktische Mehrdeutigkeiten
    c) semantische Mehrdeutigkeiten
    d) referentielle Mehrdeutigkeiten

2. Vagheit

3. Generalität

4. Widerspüchlichkeiten zwischen den verschiedenen Quellen

5. Mehrfachnennungen

Diese Nachteile können durch explizite Definitionen im Rahmen eines Glossars sowie durch die Nutzung von syntaktischen Anforderungsmustern oder von Normsprachen in ihrer negativen Wirkung reduziert werden [Pohl2007, S. 243ff.]. Konkrete Hilfestellung zur Vermeidung der o.a. Nachteile bietet das SOPHIST-Regelwerk [Rupp2007, S. 139ff.].

Die Überführung der Anforderungen in Anforderungsartefakte läuft dabei nach folgendem Schema ab:

1. Analyse der einzelnen Quellen auf für den Einsatzbereich relevante Aussagen bzw. verarbeitbare Sinnabschnitte [Pohl2007, S. 246f.]

2. Überführung von Definitionen in ein Glossar [Pohl2007, S. 246f.]

3. Festlegung von geeigneten Betrachtungsobjekten aus dem Einsatzbereich

4. Identifikation von Anforderungen und Zuordnung zu den Betrachtungsobjekten

5. Zusammenführung aller Anforderungen je Betrachtungsobjekt aus den einzelnen Quellen

6. Identifikation und Zusammenführung ähnlicher Anforderungen je Betrachtungsobjekt

7. Überführung und Standardisierung ähnlicher Anforderungen in ein oder mehrere umsetz- und messbare Anforderungsartefakte unter Nutzung von syntaktischen Anforderungsschablonen [Rupp2007, S. 227ff.] oder Normsprachen [Pohl2007, S. 245ff.]

8. Qualitätssicherung jedes Anforderungsartefaktes z.B. mit Anwendung des SOPHIST-Regelwerks [Rupp2007, S. 235]

9. Einordnung jedes abgeleiteten standardisierten Anforderungsartefaktes in die Requirements-Traceability-Matrix

10. Zuordnung jeder abgeleiteten Anforderung zu den relevanten Ergebnistypen gemäß des gewählten Entwicklungsmodells

6 Festlegung von Abnahmekriterien

Je Anforderungsartefakt sind anschließend messbare Abnahmekriterien zur Validierung im Entwicklungsprozess zu definieren. Sollte sich dabei herausstellen, dass keine Messbarkeit gewährleistet ist, muß das Anforderungsartefakt kritisch überprüft und bei Bedarf angepaßt oder gestrichen werden. Mit Hilfe der Validierung wird im Laufe des Entwicklungsprozesses sichergestellt, dass das richtige System erstellt wird [Pohl2007, S. 420ff.].

Im nächsten Schritt sind messbare Test- und Abnahmekriterien zur Verifizierung der Anforderungsartefakte im Entwicklungsprozess festzulegen [Rupp2004, S. 325 f.], um sicherzustellen, dass diese richtig umgesetzt worden und keine wesentlichen Fehler entstanden sind [Pohl2007, S. 420f.]. Sollte sich herausstellen, dass keine Messbarkeit zu erreichen ist, muß das Anforderungsartefakt widerum kritisch geprüft und eventuell verändert oder gestrichen werden.

7 Zertifizierung des Software-Produktes

Im letzten Schritt vor der erstmaligen produktiven Nutzung des Software-Produktes durch den (potentiellen) Anwender kann mit Hilfe geeigneter Zertifizierungsstellen, die bis dahin erzeugte interne Qualität durch eine neutrale dritte Prüfungsstelle extern im Sinne einer externen Qualität bestätigt werden [ISO2001, S. 4ff.]. Zur Unterstützung dieser externen Prüfung der Umsetzung der Compliance-Anforderungen kann die im Entwicklungsprozess geführte Requirements-Traceability-Matrix genutzt werden, in der der jeweilige Umsetzungsstatus jedes compliancerelevanten Anforderungsartefaktes festgehalten ist [ISO2004, S. 17]. Der Anbieter des Software-Produktes muss mit der externen Prüfungsstelle festlegen welcher Standard Grundlage der Prüfung sein soll (z.b. IDW PS 880: Erteilung und Verwendung von Softwarebescheinigungen für rechnungslegungsrelevante Software). Bei einer bestandenen Prüfung erhält das Software-Produkt dann seitens der Prüfstelle ein Qualitätszertifikat (compliant with ... aproofed by ...), dass vom Anbieter zum einen als Nachweis einer externen Produktqualität im Sinne der ISO 9126-1:2001 umd zum anderen aktiv zur Marktbearbeitung genutzt werden kann. Der Anwender hat bei Software-Produkten mit einem vertrauenswürdigen Qualitätszertifikat den Vorteil, den Prüfungsaufwand für dieses Software-Produkt im Rahmen der eigenen internen wie externen Prüfungen zu reduzieren.

8 Ausblick

Mit zunehmender Ausrichtung von Software-Systemen auf komponenten- und serviceorientierte Architekturen auch in Verbindung mit dynamisch verteilten Laufzeitumgebungen (Grid-Computing) wird das Compliance-Engineering eine besondere Bedeutung erlangen. Bei der Integration von verschiedenen Komponenten und Laufzeitumgebungen zu einem Gesamtsystem, das darüber hinaus häufig noch einem dynamischen Veränderungsprozess unterliegt, wird für den Anwender die Einhaltung der für ihn relevanten Gesetze, Regelungen und Standards schwieriger als bei der Nutzung von monolithischen Systemen weniger Lieferanten auf einer relativ stabilen Laufzeitumgebung.

Seitens der Anbieter von Software-Komponenten sowie seitens von Integratoren und Service-Vermittlern muß in hoch regulierten Anwendungsbereichen, wie sie z. B. im Bankenmarkt auftreten, auf die Compliance-Fähigkeit der angebotenen Lösungen bzw. Services besonderes Augenmerk gelegt werden, um die eigene Marktfähigkeit zu erreichen bzw. dauerhaft zu erhalten. Hierzu bietet es sich an für die eigenen bzw. vermittelten Angebote einen definierten Service-Level oder Quality of Service mit technischen und fachlichen Elementen zu vereinbaren und deren Leistungsfähigkeit durch geeignete Zertifizierungsstellen nach folgendem Muster „compliant with [Standard] approofed by [Organization]" bestätigen zu lassen.

Für Anbieter von CASE-Tools ergibt sich mit dem Compliance-Engineering außerdem noch die Möglichkeit, die eigenen Software-Produkte durch fachlich spezialisierte Repositories mit branchenspezifischen Definitionen und

Compliance-Anforderungen inkl. der daraus abgeleiteten Anforderungsartefakte zu ergänzen. Relevante Zielgruppen für derartige Repositories, die sich national differenzieren lassen, wären

1. die Anwender, die die entsprechenden Regularien einhalten müssen,
2. Software-Hersteller, die Lösungen für regulierte Märkte anbieten wollen,
3. Zertfizierungsorganisationen, die die Einhaltung von bestimmten Regeleungen und Standards bei Softwareprodukten nachweisen wollen sowie last but not least
4. Integratoren und Servicevermittler, damit diese überhaupt compliant-fähige Gesamtsysteme erzeugen können.

Schlusswort

Freue sich, wer absolute Entwicklungsfreiheit hat – es sind die wenigsten!

References

[Abel2004], Abel, A.: Technische Grundlagen des E-Business. In: Berens, W.; Schmitting, W. (Edt.) Controlling im E-Business. Lang: Frankfurt am Main et. al., 2004, S. 19–61.

[DIN2000] DIN (Edt.): DIN EN ISO 9001 2000-12, Qualitätsmanagementsysteme – Anforderungen

[ISO2004] ISO/IEC (Edt.): ISO/IEC 90003, Software engineering - Guidelines for the application of ISO 9001:2000 to computer software, First edition 2004-02-15

[ISO2001] ISO/IEC (Edt.): ISO/IEC 9126-1, Software engineering - Product quality - Part 1: Quality model, First edition 2001-06-15

[Pohl2007] Pohl, K.: Requirements Engineering – Grundlagen, Prinzipien, Techniken. dpunkt.Verlag: Heidelberg 2007

[Rupp2007], Rupp, C.: Requirements-Engineering und -Management. Hanser: München et. al. 2007.

Vorgehensweise

Self Adaptive Customizing: Ein Konzept zum automatischen Customizing eines ERP-Systems

Gamal Kassem

Otto-von-Guericke-Universität Magdeburg
Fakultät für Informatik (FIN/ITI)
Arbeitsgruppe Wirtschaftsinformatik
Postfach 4120
D-39016 Magdeburg
gamal.kassem@iti.cs.uni-magdeburg.de

Abstract: Die Einführung eines ERP-Systems ist ein langwieriger und kostenintensiver Prozess. Dabei werden unternehmensneutral und branchenspezifisch ausgelieferte Funktionen des ERP-Systems an die spezifischen betriebswirtschaftlichen Anforderungen eines Unternehmens angepasst. Genaue Kenntnisse des ERP-Systems sind erforderlich, da jedes ERP-System eigene technische Konzepte und Terminologien besitzt. Viele Unternehmen engagieren daher ERP-Systemexperten für das Customizing des einzuführenden ERP-Systems sowie für die weitere Verfeinerung des Customizing nach der Einführung. Ein Konzept zur Realisierung eines Self Adaptive ERP Systems soll dabei ermöglichen, das Customizing eines ERP-Systems auf Basis der Bereitstellung der Unternehmensprozessmodelle und Analysen der ERP-Systemnutzung zu automatisieren.

Keywords: ERP-Systeme, Referenzmodell, Data Mining, Workflow

1 Einleitung

Die Hauptphase des ERP-Einführungsprozesses ist das Customizing. Das Customizing eines ERP-Systems steuert das Verhalten der ERP-Anwendungen. Auf dieser Ebene werden Änderungen mit der Umstellung der ERP-Anwendungsparameter durchgeführt (Peßl (2004)). Dafür werden zuerst Workflow-Modelle des Unternehmens modelliert. Der Workflow stellt nach Gierhake einen technisch umfassend unterstützten Arbeitsablauf dar, der, ausgehend von einem auslösenden Ereignis, entlang einer definierten Kette von Teilschritten bis zu einem definierten Arbeitsergebnis führt, wobei der Grad der Vervollständigung des Arbeitsergebnisses mit jedem einzelnen Schritt zunimmt. Ein Workflow ist die Beschreibung einer Spezifikation, die festlegt, welche standardisierbaren Elementar-Funktionen bzw. Aufgaben durch eine Person, die einer bestimmten Rolle zugeordnet wurde, bei einem gegebenen Prozesszustand, ggf. unter Bereitstellung der hierzu erforderlichen DV-Anwendungen zur Objektbearbeitung, durchzuführen sind (Gierhake (2000), S. 57 f.). Auf der Implementierungsebene definiert Rautenstrauch Workflow als „... Teil eines Geschäftsprozesses..., der sich aus sequenziell oder parallel angeordneten Tätigkeitsfolgen (Aktivitäten) zusammensetzt. Er beschreibt damit Teilprozesse der Ablauforganisation von Unternehmen. Die Aktivitäten selbst werden als Funktionen von Anwendungssystemen implementiert, deren Steuerung anwendungsübergreifend ist und damit aus den Anwendungssystemen heraus gebrochen werden kann ..." (Rautenstrauch/ Schulze (2003), S. 269). Die Workflow-Modellierung umfasst daher eine Beschreibung aller relevanten Aspekte des Workflows, also der anfallenden Aufgaben, deren Reihenfolge und Abhängigkeiten. Die Modellierung von Workflows bzw. Geschäftsprozessen eines Unternehmens ist Voraussetzung bzw. Grundlage für das Customizing eines ERP-Systems.

Bei der Einführung eines ERP-Systems wird auf Basis der modellierten Unternehmensworkflows durch das Customizing unternehmensneutral und branchenspezifisch ausgelieferte Funktionalitäten den spezifischen betriebswirtschaftlichen Anforderungen eines Unternehmens angepasst. Dabei stehen für Customizing-Experten ERP-System-Referenzmodelle als Wegweiser zu Verfügung.

Referenzmodelle im Allgemeinen beschreiben Objekte und Beziehungen der betrieblichen Realität. ERP-Referenzmodelle sind bereits vormodellierte Standardunternehmensmodelle und bilden damit die betriebswirtschaftliche Architektur eines ERP-Systems. Referenzmodelle stellen oft „best-practice"-Geschäftsprozesse in Form einer Softwarebibliothek zur Verfügung (Peßl (2004)). Das Customizing steht dabei für die Anpassung des ERP-Systems an die Unternehmensanforderungen. Die Anpassung selbst wird oft durch den spezifischen ERP-Customizing-Experten (Berater des einzuführenden ERP-Systems) erfolgen. Mit Hilfe dieser Referenzprozesse sind alle betriebswirtschaftlichen Abläufe, die von einem ERP-System unterstützt werden, abgebildet. Die einzelnen Prozesse zeigen logisch zusammengehörende Aufgaben eines betriebswirtschaftlichen Sachverhaltes. Das kann z. B. eine Bestellungsbearbeitung mit der Ermittlung des günstigsten Materials, der Lieferantenauswahl und Bestellverfolgung oder eine komplette Kundenauftragsbearbeitung von der Kundenanfrage bis hin zur Lieferung und Fakturierung sein. Durch die Abhängigkeit der Prozesse untereinander kann zum einen ein Verständnis für unternehmensbereichsübergreifende Prozesse beim Anwender erzeugt und zum anderen das Zusammenspiel betrieblicher Funktionsbereiche anschaulich gemacht werden.

Die Hauptaufgabe der Customizing-Experten liegt darin die zuerst modellierten unternehmensspezifischen Workflow-Modelle in das ERP-System zu implementieren. Dabei können die Referenzmodelle als Vorlage bei der Anpassung des Systems genutzt werden. Die Referenzmodelle sind hier als Information zur Hilfestellung zu betrachten, die den Customizing-Experten dabei helfen den unternehmensspezifischen Workflow-Modellen „möglichst" komplett (realitätstreu) in das ERP-System abzubilden.

Dabei sollen die Experten zwei Hauptprobleme bewältigen (überwinden): Das Terminologie-Problem, das durch die unterschiedlichen genutzten Begriffe und ihre Bedeutung in einem Unternehmen einerseits und die Terminologie eines ERP-Systems anderseits entstehen kann. Ein weiteres Problem kann bei der Auswahl der geeigneten Prozesse aus den ERP-Referenzmodellen darsetellen. Die ERP-Prozesse sollen gewählt und angepasst werden, so dass die Unternehmensprozesse in das System abgebildet werden, ohne neue ERP-Funktionen zu entwickeln oder die Struktur des Unternehmen selbst zu verändern.

In diesem Paper wird ein Self Adaptive Customizing Konzept vorgestellt, das durch die Nutzung von verschiedenen Data Mining Methoden zur Lösung der genannten Probleme beiträgt und den Customizing-Vorgang automatisiert. Darüber hinaus soll es ermöglicht werden, dass weitere zukünftige Customizing-Vorgänge automatisch durchgeführt werden. Dazu wird die Struktur eines Self Adaptive Customizing Middleware Systems (SACMS) vorgestellt, das zwischen den Workflow-Modellen eines Unternehmens und dem ERP-System fungiert. Das SACMS soll die verschiedenen Prozessmodellierungssprachen und ERP-Systeme unterschiedlicher Anbieter bearbeiten können.

2 Das SAC-Konzept

Die Idee des Konzeptes besteht darin, eine „Intelligente" Schicht zwischen den Workflow-Modellen eines Unternehmens, die in einem bestimmten ERP-System abgebildet werden sollen, und dem ERP-System selbst zu schaffen. Diese Schicht sorgt für das automatische Customizing des ERP-Systems, wobei zwei Arten von Customizing zu unterscheiden sind: Das erste Customizing wird gleich bei Einführung eines ERP-Systems vorgenommen, während das Nach-Customizing im Rahmen eines Continues Improvement Process (CIP) kontinuierlich ausgeführt wird und für die ständige Verbesserung das ERP-Customizing sorgt.

2.1 Das erste Customizing

Bei der Einführung eines ERP-Systems wird die mit dem ersten Customizing unternehmensneutral und branchenspezifisch ausgelieferte Funktionalität den spezifischen betriebswirtschaftlichen Anforderungen eines Unternehmens angepasst. Das erste Customizing verläuft dabei über drei Phasen: Konvertierung, Evaluierung und Implementierung (s. Abbildung 1).

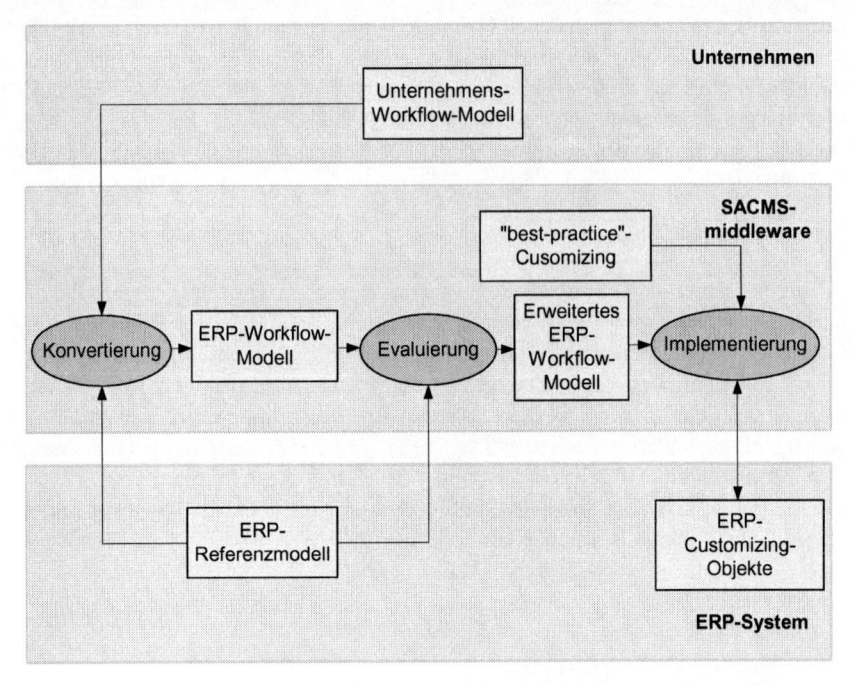

Abbildung 1 „Self Adaptive Customizing"-Landschaft für das erste Customizing

2.2 Konvertierungsphase

Sowohl die Unternehmens-Workflow-Modelle als auch die ERP-Referenzmodelle werden in dieser Phase in formale Workflow-Modell-Formate wie beispielsweise Workflow-Netze (van der Aalst (2003)) konvertiert. Workflow-Netze finden ihren Ursprung in Petrinetzen (Baumgarten (1990)). Die unternehmensspezifischen Begriffe, die in den Unternehmens-Workflow-Modelle genutzt werden, werden bei der Konvertierung in die Terminologie des ERP-Systems umgewandelt. Dabei werden spezielle Text-Mining-Methoden verwendet, welche die Bedeutung eines Begriffs erkennen und in die Terminologie des ERP-Systems umwandeln. Da die Reihenfolge der Aktivitäten bzw. Funktionen eines Workflows dessen Struktur bestimmt, ist die Hauptaufgabe des Text-Mining zu erkennen, welche Workflow-Aktivität einer ERP-Transaktion equivalent[16] ist. Dabei ist nicht nur der Aktivitätsbegriff zu berücksichtigen, dazu kommen auch die in dieser Aktivität involvierten Business Objekte, die so genannten „Workflow-Bezugsobjekte" in

---

[16] Workflow-Modell-Objekte wie Aktivitäten, Ereignisse oder Business-Objekte, die unterschiedliche Bezeichnungen haben, aber die gleichen Bedeutung aufweisen, sind äquivalent.

Betracht. Mit dem Begriff Workflow-Bezugsobjekt sind sämtliche Business-Objekte gemeint, die von einer Funktion eines Workflows bearbeitet werden. Die Workflow-Bezugsobjekte können wie folgt unterteilt werden:

- **Output–Objekte**: Das Resultat einer Funktion ist eine Änderung von Daten zur Bearbeitung eines Workflow-Bezugs-Objektes oder mehrerer Workflow-Objekte. Dieses Objekt oder diese Objekte werden hier als Output-Objekte einer Funktion bezeichnet.

- **Input–Objekte:** Für die Bearbeitung von Output-Objekten durch eine Funktion können Daten aus anderen Objekten benötigt werden. Diese Objekte werden als Input-Objekte bezeichnet. Beispielsweise werden beim Anlegen eines Kundenauftrags (Output-Objekt) Daten über Artikel und Kunde benötigt.

- **Workflow-Leistungsobjekt:** Ein Workflow-Leistungsobjekt ist ein Workflow-Bezugsobjekt, das ein Workflow eindeutig kennzeichnet. Beispielsweise werden bei der Ausführung des Workflows „Abwicklung von Fertigungsauftrag" die Funktionen „Fertigungsauftrag anlegen", „Fertigungsauftrag rückmelden", „Wareneingang buchen zu Fertigungsauftrag" und „Fertigungsauftrag freigeben" ausgeführt. Das Workflow-Leistungsobjekt in diesem Workflow ist das Objekt „Fertigungsauftrag", da es an allen Funktionen des Workflows als Output-Objekt (in „Fertigungsauftrag anlegen", „Fertigungsauftrag rückmelden und "Fertigungsauftrag freigeben") bzw. als Input-Objekt (in „Wareneingang buchen zu Fertigungsauftrag") eindeutig beteiligt ist.

Workflow-Bezugsobjekte können in folgende Objektarten klassifiziert werden:

- **Organisationsobjekte** sind Business Objects, welche die Organisationseinheiten[17] eines Unternehmens wie z. B. Einkaufsabteilung, Lager, Buchungskreis, Werk, etc. repräsentieren.

- **Ressourcen-Objekte** sind alle weiteren Business Objects außer den o. g. Organisationsobjekten wie z. B. Kunde, Lieferant, Auftrag, Rechnung, Bestellung, Artikel, etc.

Das Text-Mining kann dadurch eine Funktion eines Unternehmens-Workflow-Modells konvertieren, wenn der Funktionsbegriff (Bezeichnung) sowie die in ihn involvierten Workflow-Bezugsobjekte mit dem ERP-Transaktionsbegriff und seinen Workflow-Bezugsobjekten äquivalent sind.

Das Text-Mining nutzt dabei syntaktische Regeln zur Erkennung von Begriffsstrukturen und Mining Methoden zur Ermittlung der semantischen Bedeutungen von Begriffen. Dabei greift das Text-Mining auf großen Mengen von Daten zu,

---

[17] Elemente einer logischen Struktur, mit der die unternehmensspezifische Organisationsstruktur in einem ERP-System abgebildet wird. Organisationseinheiten dienen der Strukturierung betriebswirtschaftlicher Funktionen (SAP Portal (2007)).

welche die Begriffe aus der realen Unternehmens- und ERP-Terminologiewelt beschreiben.

2.3 Evaluierungsphase

Nach der Konvertierungsphase sind zwei Mengen von Workflow-Modellen zu bewerten: die ERP-Workflow-Modelle aus den ursprünglichen Unternehmens-Workflow-Modellen und die Workflow-Modelle aus dem Referenzmodell des ERP-Systems. Beide Workflow-Modellmengen sind in formale Workflow-Modelle konvertiert. Die Bereitstellung von formalen Workflow-Modellen ist eine Voraussetzung für die Evaluierung der Modelle. Ohne die formalen Eigenschaften der Modelle können sie nicht mit einander verglichen und bewertet werden. In der Evaluierungsphase wird dem ERP-Workflow-Modell ein ERP-Referenzmodellen gegenübergestellt und ein passendes Workflow oder ein Workflow aus Workflow-Kombinationen aus dem Referenzmodell für die Implementierungsphase als „erweitertes Workflow-Modell" herausgebildet. Die Workflow-Auswahl basiert auf dem Vergleich von Modell-Objekten wie ERP-Workflow-Strukturen und den in ihr involvierten Funktionen und Business-Objekte einerseits und andererseits wie diese im ERP-Referenzmodell abgebildet sind und ob sie dort mit anderen Modell-Objekte verknüpft sind. Die Verknüpfung von Objekten im ERP-Referenzmodell kann zur Kaskadierung weiterer Objekte führen, welche dann in der Implementierungsphase berücksichtigt werden müssen. Ein Beispiel hierfür ist die Auswahl eines Workflow aus dem ERP-Referenzmodell zur „Abwicklung eines Kundenauftrags". Dabei wird berücksichtigt, ob bei der Überprüfung des Auftrages an weitere Sub-Workflows angeknüpft ist, beispielsweise zur ökonomische oder/und technischen Überprüfung, und ob diese Sub- an weitere Sub-Sub-Workflow angeknüpft sind usw. Durch die Berücksichtigung der verknüpften Objekte können alle ERP-Transaktionen, die zur Ausführung eines Workflow benötigt sind, bereit- und eingestellt werden. Dabei ist darauf zu achten, dass nicht alle diese Transaktionen tatsächlich später benutzt werden können. In den Nach-Customizing-Phasen kann das ERP-System nach der tatsächlichen Nutzung des Systems weiter verfeinert und customized werden.

2.4 Implementierungsphase

In der Implementierungsphase werden ERP-Customizing-Objektdaten auf Basis der ausgewählten Workflows (die erweiterten Workflow-Modelle) aus dem ERP-Referenzmodell eingestellt. ERP-Customizing-Objekte sind ERP-Repository-Objekte, die notwendig sind, um ein ERP-System einzustellen. Dabei werden historische „best-practice"-Informationen, die für das Customizing der ERP-Referenzmodelle hinterlegt sind, genutzt. Aufgrund dieser Informationen werden Nutzer-Rollen, Berechtigungsprofile, Organisationseinheiten, Währungseinheit und alle andere Customizing-Objekte in dieser Phase automatisch auf Basis der erweiterten Workflow-Modellen implementiert.

2.5 Das Nach-Customizing

Bei der Einführung eines ERP-Systems wird die mit dem ersten Customizing ausgelieferte Funktionalität den spezifischen betriebswirtschaftlichen Anforderungen eines Unternehmens angepasst. Durch Bereitstellung der Verknüpften Modell-Objekte bzw. Customizing-Objekte werden aber die Systemparametereinstellungen „großzügig" vorgenommen, so dass alle möglichen Funktionalitäten des Unternehmens durch das ERP-System unterstützt werden können. Dadurch wird ein Teil der ERP-Funktionalitätsmenge im betrieblichen Alltag nicht gebraucht, was zur Unübersichtlichkeit des Systems führen kann.

Das eigentliche Self-System-Customizing findet in den Nach-Customizing-Phasen statt. Das System wird anhand der Beobachtung der Systemnutzung über die Zeit nach Bedarf des Unternehmens geändert bzw. verfeinert und angepasst. Dabei werden Methoden des Application Usage Mining (AUM) eingesetzt. AUM ist ein systemtechnisch realisierbares Verfahren zur Rekonstruktion von Ist-Workflow-Modellen eines ERP-Systems. AUM soll dabei ein Hilfsmittel zur automatischen Modellierung eines detaillierten Ist-Workflow-Modells eines Unternehmens sein.

ERP-Systeme unterstützen unternehmensweite Geschäftsprozesse und implementieren sie als Workflows. Dabei hinterlassen die ERP-Nutzer Spuren in Form von ERP-Trace-Daten, die Interaktionen der Nutzer mit dem ERP-System widerspiegeln. Abhilfe schafft hier die Methodik des Application Usage Mining, mit der aus ERP-Traces Ist-Workflow-Modelle automatisiert rekonstruiert werden können, so dass Schwachstellen bei der Systemnutzung aufgedeckt und durch Anpassungen des Customizing beseitigt werden können.

Das Nach-Customizing wird im Rahmen eines Contineous Improvement Process (CIP) kontinuierlich ausgeführt, um eine ständige Verbesserung des ERP-Customizing zu gewährleisten. Das Nach-Customizing verläuft dabei ähnlich wie das erste Customizing über drei Phasen: Bereitstellung der tatsächlich ausgeführten ERP-Workflow-Modelle (Ist-Workflow-Modelle), die Evaluierungs- und die Implementierungsphase.

2.6 Bereitstellung von ERP-Workflow-Modellen

An Stelle der Konvertierungsphase des ersten Customizing zur Bereitstellung von ERP-Workflow-Modellen werden im Nach-Cusomizing die Ist-Workflow-Modelle durch das AUM-Verfahren automatisch aus dem ERP-System extrahiert und werden so für die Evaluierungsphase bereitgestellt (s. Abbildung 2-2).

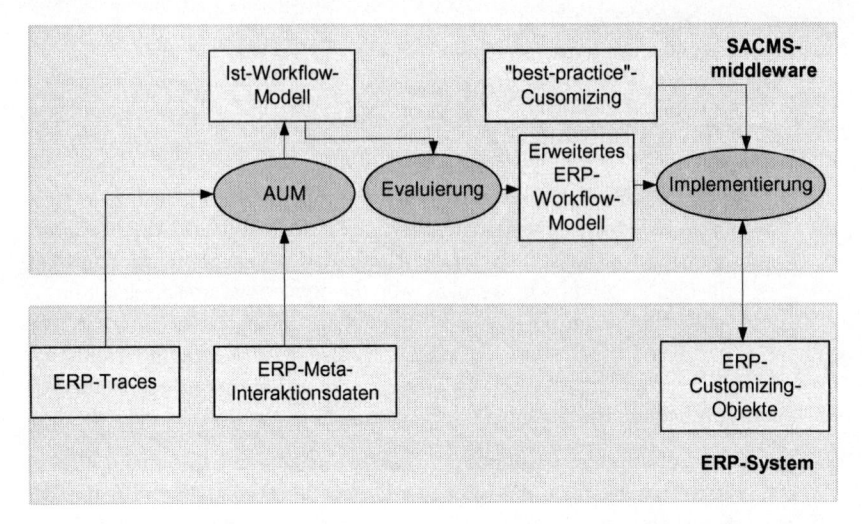

Abbildung 2 „Self Adaptive Customizing"-Landschaft für das Nach-Customizing

Die Ist-Workflow-Modelle zeigen die tatsächlich ausgeführten ERP-Workflow-Modelle des Systems.

Das AUM selbst ist ein Verfahren, der einen auf ERP-Trace-Daten basierenden KDD-Prozess verwendet. Der AUM-Prozess läuft über drei Phasen (Kassem (2004)):

1) In der **Vorbereitungsphase** werden Interaktionsdaten aus verschiedenen Quellen des ERP-Systems in eine Datenbank (Daten-Pool) integriert. Dabei handelt es sich hauptsächlich um Trace-Daten, welche die Interaktion der Nutzer mit dem ERP-System im Verlauf der Zeit protokollieren. Außerdem beinhaltet der Daten-Pool Meta-Interaktionsdaten, die Trace-Daten beschreiben.

2) In der **Muster-Entdeckungsphase** werden die Workflow-Fälle eines Workflows anhand von speziellen Mining-Algorithmen entdeckt (Kassem (2007); Kassem/Rautenstrauch (2006)). Ein Workflow-Fall zeigt dabei die Reihenfolge der Ausführung von ERP-Funktionen einer Workflow-Instanz. Die Algorithmen behandeln die Konfliktprobleme, die bei der Zuordnung von Funktionen zu den Workflow-Fällen entstehen können. Basierend auf diesen Algorithmen können ebenfalls Aufgabenschritte (Funktions-Fälle) als Screenfolge bei der Ausführung einer Funktion entdeckt werden. Diese zeigt an, welche Arbeitsschritte einer Aufgabe durchgeführt wurden.

3) In der **Muster-Analyse-Phase** werden die in der Muster-Entdeckungsphase aufgespürten Workflow-Fälle mit den Workflow-Mining-Algorithmen (Agrawal (1998); van der Aalst/van Dongen (2002); van der Aalst et. al.

(2002)) analysiert und formal sowie grafisch als Ist-Workflow-Modelle extrahiert.

Die extrahierten Ist-Workflow-Modelle können nun durch die Evaluierungsphase bewertet werden.

2.7 Die Evaluierungs- und Implementierungsphase

In der Evaluierungsphase werden nur die Funktionalitäten, die tatsächlich im betrieblichen Alltag benutzt worden sind, berücksichtigt, so dass die Workflow-Strukturen nach Bedarf des Unternehmens angepasst und folglich verbessert werden können.

Hier können Analysen-Methoden zur Evaluierung der generierten Ist-Workflow-Modelle und im Daten-Pool gesammelten Interaktionsdaten eingesetzt werden. Die Analysen sollen folgende Schwerpunkte behandeln:

- Der Zusammenhang zwischen dem Ablauf eines Workflows – seiner Struktur – und den Workflow-Attributwerte (wie Kosten, Ausführungszeiten oder Attribute der von den Workflows abgewickelten Business Objekte wie Kundenname oder Materialgewicht) kann dazu beitragen, Schwachstellen eines Workflows oder beispielsweise illegale Vorgänge zu entdecken. Solche Art von Informationen kann das Prozess-Management in einem Unternehmen unterstützen. Dafür können Mining-Methoden entwickelt werden, die Workflow-Strukturen wie Parallelitäten, Verzweigungen, Sequenziellitäten oder Iterationen bzw. Konstellation (Kombination) von Workflow-Strukturen klassifizieren und mit den Workflow-Attributwerten vergleichen, um den Zusammenhang in Form von Mustern zu entdecken.

- In der Evaluierungsphase können Nutzerverhalten analysiert werden. Dabei werden die Zugriffspfade der Nutzer während ihrer Bearbeitung von Workflows innerhalb des ERP-Systems als Graphen dargestellt (kassem et. al. (2003)). Dabei können verschiedene Mining Methoden eingesetzt werden, um folgende Fragestellungen zu klären.

Pfadanalyse:

    o An welchen Stellen gleicher Zugriffspfade der Nutzer erscheint eine Fehlermeldung?

    o An welchen Stellen der Zugriffspfade der Nutzer werden die Transaktionen häufig abgebrochen?

    o An welchen Stellen der Zugriffspfade gibt es Sackgassen?

Assoziationsanalyse: Mit Hilfe der Assoziationsanalyse soll der Zusammenhang zwischen Ereignissen (z.B. Eingabe von Datenfeldern und Betätigung von Buttons) und dem Ablauf einer Screenfolge festgestellt werden. Hier wird das Customizing des Systems auf seine Korrektheit überprüft. So sollen z.b. die Abweichungen der Benutzer-Zugriffspfade zur Ausführung der Geschäftsprozesse vom idealen Zugriffspfad dieses Geschäftsprozesses analysiert werden.

Sequenzanalyse: Bei der Sequenzanalyse werden zeitbezogene Daten berücksichtigt. u. A. soll hier die Effektivität des Umgangs der Nutzer mit dem System analysiert werden:

- o Wie schnell werden neue Nutzer mit dem System vertraut?

- o Wie viel Zeit benötigt ein Nutzer zur Bearbeitung einer Aufgabe?

- o Welche Textfelder wurden immer mit den gleichen Werten belegt und um welche Werte handelt es sich?

- o Welche Screens einer Transaktion wurden nicht betätigt?

- o Aus welchen Transaktionen und aus welcher Screen werden andere Transaktionen aufgerufen?

- o Aus welchem Screen einer Transaktion werden Hilfsprogramme gebraucht und welches Thema behandeln sie?

Die **Nutzerverhaltenanalysen** zielen auf die Personalisierung und Korrektheitsüberprüfung des Customizing des Systems sowie eine Überprüfung der Effizienz der Nutzung des Systems bei der Ausführung von Nutzer-Aufgaben. Dabei wird geklärt, wie vertraut die Nutzer mit dem System sind und ob bestimmte Nutzer oder Nutzergruppe beispielsweise eine Schulung benötigen oder durch Personalisierung bzw. Customizing das System ihnen angepasst werden soll.

Auf Basis der Analysen von Workflow-Strukturen und Nutzerverhalten werden die Erweiterten ERP-Workflow-Modelle für die Implementierungsphase bereitgestellt. Dabei handelte es sich um modifizierte ERP-Workflow-Modelle, die nach der Nutzung des Systems angepasst worden sind.

In der Implementierungsphase werden die ERP-Customizing-Objekte auf Basis der Erweiterten ERP-Workflow-Modelle geändert.

Das Nach-Customizing kann als wiederkehrender Prozess, der ständig die Geschäftsprozessdynamik eines Unternehmens anpasst, betrachtet werden. Der Anpassungsgrad eines ERP-Systems hängt von seinen Flexibilitätspotentialen ab. Unter Flexibilität eines ERP-Systems ist hier die Umstellungsfähigkeit eines ERP-Systems auf die Änderungen von Geschäftsprozessen eines Unternehmens zu verstehen und wie die Geschäftsprozess-Aktivitäten sich von den Nutzern bzw. Nutzergruppen abhängig von ihren Rollen und ihrem Wissen effektiv bearbeiten lassen.

3 Zusammenfassung und Ausblick

Das Konzept des Self Adaptive ERP System ist eine Idee zur automatischen Einführung eines ERP-Systems und seine ständige Anpassung an Geschäftsprozess- und Nutzerverhalten-Änderungen im Unternehmen. Zur Realisierung dieser Idee wurde in diesem Paper eine Struktur einer Systemlandschaft entwickelt, welche die Unternehmens- und ERP-Systemsebene durch ein Adaptives Middleware trennt. Die Adaptive Middleware soll dadurch als Schnittstelle zwischen beiden Ebenen fungieren. Die Adaptive Middleware SACMS hat die Aufgabe, die Anpassung des Systems durch intelligente Methoden wie Data Mining Methoden an die Unternehmen- und Nutzer-Anforderungen zu gewährleisten.

Die Bereitstellung von ERP-Repository-Daten seitens des ERP-Systems über Customizing-Objekte wie Business-Objekte, Transaktionen, Screens, Screen-Elemente ist eine Voraussetzung für die Realisierung dieses Konzeptes. Standardisierungsprobleme von Workflow-Modellen, Referenzmodellen und ERP-Tracedatenformaten verhindern allgemeingültige Reglungen zur Handhabung von ERP-Systemen unterschiedlicher Anbieter. Eine mögliche Lösung des Standardisierungsproblems kann durch die Bereitstellung von ebenenspezifischen Schnittstellen zwischen den ASC-Landschaftsebenen erreicht werden, die für die Konvertierung der Datenaustausches zwischen den Ebenen je nach Ebenenstandard sorgen. Daher es ist wünschenswert, Standardisierungsprobleme von Workflow-Modellen und ERP-Tracedatenformaten zukünftig zu lösen.

Literaturverzeichnis

Agrawal, R.; Gunopulos, D.; Leymann F. (1998): Mining Process Models from Workflow Logs. In: Advances in Database Technology - EDBT'98, 6th International Conference on Extending Database Technology, Valencia, Spain, S. 469-483.

Baumgarten, B. (1990): Petri-Netze: Grundlagen und Anwendungen. 2. Auflage, Heidelberg, Berlin.

Gierhake, O. (2000): Integriertes Geschäftsprozessmanagement, 3. Auflage, Braunschweig.

Kassem, G. (2004): Application Usage Mining as an Instrument of Business Process Management. In: Proceedings of the IV International Conference of Applied Enterprise Science (CICE' 2004), Santa Clara, Cuba.

Kassem, G., Marx Gómez, J., Rautenstrauch, C., Melato, M. (2003b): Analysis of the User's Behaviour in Very Large Business Application Systems with Methods of the Web Usage Mining – Case Study SAP R/3 –. In: Advances in Web Intelligence (AWIC 2003), Madrid, Lecture Notes in Artificial Intelligence, Berlin, S. 329-338.

Kassem, G.; Rautenstrauch, C. (2006): The Ability to generate As-Is-Model from an ERP-System based on System User Traces. In: Proceedings of the 7th Annual Global Information Technology Management Conference (GITMA), Orlando, Fl, USA, S. 133-136.

Kassem, G. (2007); Application Usage Mining: Grundlagen und Verfahren, Magdeburger Schriften zur Wirtschaftsinformatik, Shaker Verlag.

Peßl, E. (2004): Customizing von ERP-Systemen - Ereignisgesteuerte Prozessketten und das ERP-Referenzmodell, Arbeitspapier, Kapfenberg.

Rautenstrauch, C.; Schulze, T. (2003): Informatik für Wirtschaftswissenschaftler und Wirtschaftsinformatiker, Berlin.

SAP Portal (2007): Organizational Units, http://help.sap.com/saphelp_erp2005vp/helpdata/en/0b/a83b407b686913e10000000a15 50b0/frameset.htm. 20 May 2007.

van der Aalst, W. M. P.; van Dongen, B. F.; Herbst, J.; Maruster, L.; Schimm, G.; Weijters, A.J.M.M. (2003): Workflow mining: A survey of issues and approaches. Data & Knowledge Engineering, 47(2), S. 237-267.

van der Aalst, W. M. P.; Weijters, A. J. M. M.; Maruster, L. (2002): Workflow Mining: Which Processes can be Rediscovered?, BETA Working Paper Series, Eindhoven.

van der Aalst, W. M. P.; van Dongen, B. F. (2002): Discovering Workflow Performance Models from Timed Logs. . In: Han, Y. et al. (2002), S. 45-63.

IT-Softwarearchitektur mit integrativen Konzepten strukturiert planen

André Scholz
Booz Allen Hamilton Inc.

Zusammenfassung: Das Business soll besser unterstützt und gleichzeitig die IT-Kosten im Griff behalten werden: Dieser Spagat zwingt CIOs zu kontinuierlichen Anpassungen und Flexibilisierungen ihrer IT-Softwarearchitekturen. Zudem werden immer häufiger wichtige Eigenschaften von Marktprodukten über IT-Komponenten definiert. Auch diese zusätzlichen Anforderungen müssen effektiv bedient werden. Der Weg zur optimalen Zielsoftwarearchitektur führt über ein strukturiertes Funktionsmodell.

Prolog

Zu den wesentlichen Elementen einer IT-Strategie gehört neben der Governance und den Steuerungsmodellen die IT-Softwarearchitektur. Ist sie nicht auf die Geschäftsanforderungen ausgerichtet, kann das Unternehmen massive Wettbewerbsnachteile erleiden oder ist sogar in seiner Existenz bedroht, wie das Beispiel des Flughafens Denver zeigte: Eine unzureichende IT-Softwarearchitektur war einer von mehreren Faktoren, die den gesamten Abfertigungsprozess für 16 Monate zum Erliegen brachten und so einen Schaden von rund 2 Mrd. USD verursachten.

1 Hohe Anforderungen an die Flexibilität

Aufgabe der IT-Softwarearchitektur ist es, die Kerngeschäfts- und Querschnittsprozesse wirksam zu unterstützen und dabei die unternehmerische Flexibilität und Effizienz der IT-Kostenstruktur zu wahren (siehe Abbildung 1). Weil Unternehmensstrukturen heute durch Reorganisationen, Outsourcing oder Akquisitionen kaum länger als sechs Monate unverändert bleiben, sind die Anforderungen an die Flexibilität der IT-Softwarearchitektur besonders hoch. Lang laufende IT-Transformationsprojekte sind bei organisatorischen und prozessualen Änderungen nicht mehr akzeptabel – sie müssen vielmehr in Echtzeit vorgenommen werden.

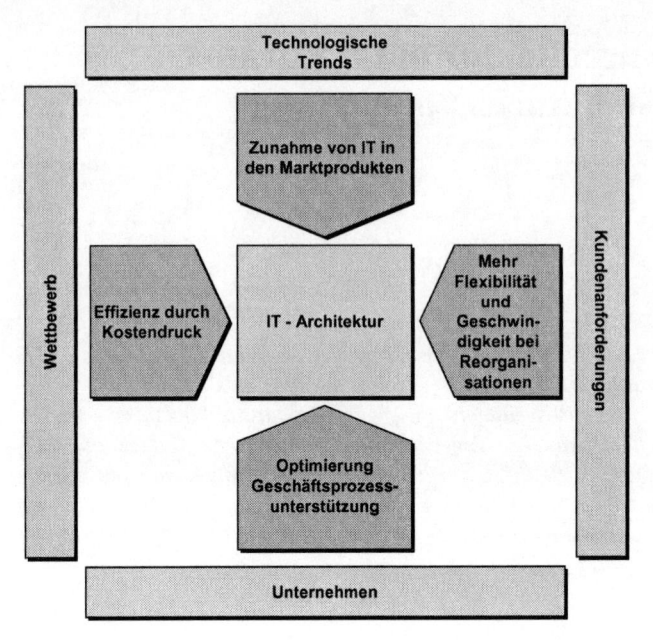

Abbildung 1: Einflussfaktoren auf die IT-Softwarearchitektur

Darüber hinaus spielen IT-Komponenten immer stärker in den Endkundenprodukten eine Rolle, zum Beispiel bei IP-basierter Telefonie oder Online- Banking. Daher muss eine leistungsfähige Softwarearchitektur auch die Produkt-IT optimal in die Gesamt-Softwarearchitektur einbetten und so zur Optimierung der Time-to-market und der Kosten beitragen.

Allerdings reichen die traditionellen Softwarearchitekturkonzepte nicht aus, um diesen Anforderungen gerecht zu werden. In den letzten Jahren kam es verstärkt zum Einsatz hoch integrierter Standardsoftwareplattformen. Sie erschweren aufgrund ihrer Starrheit jedoch schnelle Anpassungen der Funktionen und Prozesse und begrenzen damit den Spielraum für produktseitige Veränderungen. Die dafür erforderlichen flexiblen, komponenten-orientieren Softwarearchitekturen sind bisher nur in wenigen Unternehmen zu finden.

2 Nicht mehr ohne integrative Konzepte

Kein Standardsoftware-Anbieter würde seine Produkte heute noch ohne Middleware-Technologien gestalten. Selbst das hoch integrierte SAP R/3 greift mit Erfolg darauf zurück. Alle diese Konzepte werden derzeit durch die Hersteller unter dem nicht normierten Label „Service-orientierte-Softwarearchitekturen (SOA)" vermarktet.

Die verfügbaren Technologien sind jedoch in ihrer Leistungsfähigkeit nicht gleich und arbeiten auch unterschiedlich gut mit einzelnen Systemplattformen zusammen. Eine „One size fits all" - Lösung für die gesamte Unternehmens-IT ist nicht in Sicht. Gezielt eingesetzte Middleware kann jedoch in vielen Softwarearchitekturbereichen zu wesentlichen Kosteneinsparungen beitragen. Das trifft besonders in einem heterogenen, aber stark vernetzten Anwendungsumfeld zu, wie es beispielsweise für den Betrieb von Telekommunikationsnetzen erforderlich ist. Hier lassen sich Betriebsfunktionen wie Plattform-Monitoring, Trouble Ticketing, Service Level Management und andere flexibel miteinander verbinden. Starre Schnittstellen, die bei Prozessanpassungen hohe Kosten nach sich ziehen, entfallen dadurch.

Doch so wichtig wie die kontinuierliche Justierung einer bestehenden IT-Softwarearchitektur für den Erfolg eines Unternehmens ist, so häufig ist sie auch mit einer Reihe von Schwierigkeiten verbunden:

- Hohe Kosten für die Anpassung speziell ausgeprägter unternehmenskritischer Altanwendungen
- Überlappung von Funktionalitäten zwischen den einzelnen Systemplattformen (zum Beispiel bei heutigen CRM- und ERP-Systemen)
- Ungesicherte Tragfähigkeit moderner Middleware-Technologien, insbesondere für die Übertragung größerer Datenmengen
- Effektives Change Management innerhalb eines Unternehmens.

Auch wenn die Erneuerung der IT-Softwarearchitektur mit vielen technischen Fragestellungen verbunden ist, so muss sie letztlich von der „Business"-Seite her initiiert werden. Angesichts der Größe der Aufgabe sind daher starke Sponsoren und ein systematisches Vorgehen zwingend erforderlich.

3 IT-Softwarearchitektur systematisch aufbauen

Ein systematischer Ansatz geht von den relevanten „Business"-Anforderungen aus und schließt mit einer realistischen Migrationsplanung (siehe folgende Abbildung).

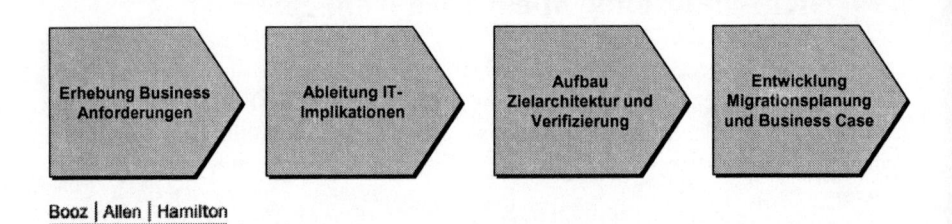

Abbildung 2: Vorgehen beim Aufbau einer modernen IT-Softwarearchitektur

Im ersten Schritt sind die für das Unternehmen wesentlichen Markt- und Geschäftsentwicklungen zu strukturieren. Hier geht es darum zu verstehen, welche Geschäftsprozesse und Produkte zukünftig durch die IT unterstützt werden müssen. Davon sind die funktionalen, zeitlichen und sonstigen Implikationen auf die Softwarearchitektur abzuleiten. Dabei kann es sich etwa um die Berücksichtigung von Partnering-Schnittstellen oder den Aufbau von Mandantenkonzepten handeln. Anschließend wird die Ziel-Softwarearchitektur auf Basis eines systemneutralen funktionalen Modells gestaltet. Hier sollte möglichst auf industriespezifische Standardmodelle zurückgegriffen werden, zum Beispiel eTOM/ITIL im Telekommunikationsbereich (siehe Abbildung 3). Ein solches Modell berücksichtigt alle durch die IT abzudeckenden Funktionen entlang der Geschäftsprozesse und auf den unterschiedlichen Funktionsebenen.

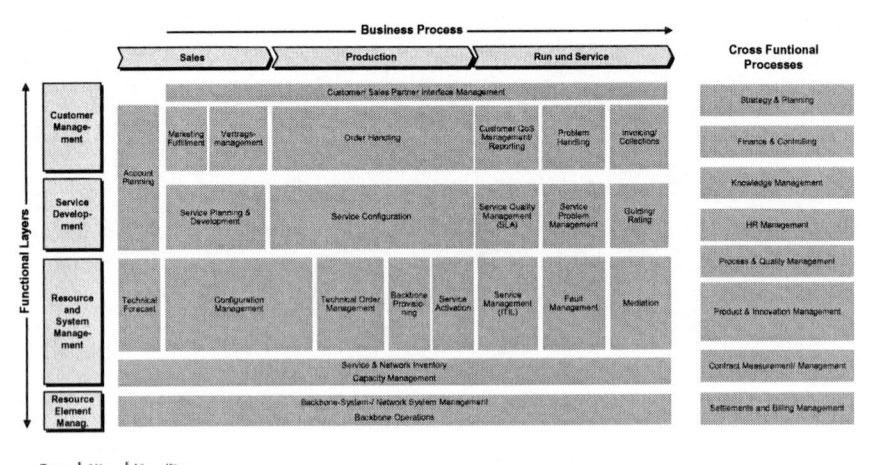

Abbildung 3: Funktionsmodell einer IT-Softwarearchitektur am Beispiel der Telekommunikations-Industrie

Der Weg zur Ziel-Softwarearchitektur muss über eine quantifizierbare Maßnahmenplanung mit konkreten Meilensteinen und Zwischenergebnissen aufgezeigt werden. Dabei sind Instrumente zur Softwarearchitekturmigration stets im gesamten Projektportfolio zu führen, um so Synergiepotenziale zu heben. Erfahrungsgemäß lässt sich nur über diesen Weg ein positiver Business Case für ein Gesamtprogramm zur Softwarearchitekturerneuerung erreichen.

4 Fazit

Aktuelle Markt- und Produkttrends setzen die CIO-Organisationen massiv unter Druck. Unternehmen mit einem hohen IT-Anteil oder Unternehmen mit großen und starren Legacy-Anwendungen sind besonders betroffen. Bereits heute leiden diese Unternehmen unter Wettbewerbsnachteilen, wenn eine starre IT-Softwarearchitektur das Abschöpfen von Kostensenkungspotenzialen und eine schnelle Reaktion auf neue Geschäftsanforderungen hemmt.

Da Veränderungen starrer Softwarearchitekturen saubere Vorbereitungen erfordern und nicht im Handumdrehen umgesetzt werden können, sollten CIOs besser heute als morgen die Zukunftssicherheit ihrer IT-Softwarearchitektur untersuchen.

Technik

Request-Response-Evaluation Infrastructure for trusted Web Service-based ERP systems

Nico Brehm, Jorge Marx Gómez, Hermann Strack

Department of Computer Science, Carl-von-Ossietzky-Universität Oldenburg, Ammerländer Heerstraße 114-118, 26129 Oldenburg, Germany {nico.brehm, jorge.marx.gomez}@uni-oldenburg.de

Department of Automation and Computer Science, Hochschule Harz, University of Applied Sciences, Friedrichstrasse 57-59, 38855 Wernigerode, Germany hstrack@hs-harz.de

Abstract: Since enterprise information systems have been becoming more complex it is getting more and more important to consider strategic enterprise objectives during the design process of such systems. Sustainable reusability, flexibility and scalability of the components of large enterprise application systems are some examples of a variety of widely spread requirements in this context. The Service-oriented Architecture (SOA) paradigm mostly provides a suitable approach as to meet those requirements and the application of Web Service technology can be considered as common sense in the meantime. Referring to the activities for the standardization of Web Service semantics or alternatively the introduction of intelligent search mechanisms future software architectures are supposed to integrate software components as services of foreign providers. However, this vision is clouded by a multiplicity of risks which meet each other in the question of the specific reliability and trustworthiness of service providers in a certain context. Previous research activities picked up this problem whereby a lot of promising approaches and frameworks have been developed which concern the negotiation of trust within open network architectures like grids or peer-to-peer networks. Nevertheless, the genesis of the trust relationship between two network nodes has been neglected. This chapter presents an approach for establishment of reputation as by-product of the utilization of Web Services by introducing an evaluation for service responses. This concept provides the basis for the identification of trust-related features of Web Service providers. Federated ERP systems on the basis of Web Services serve as showcase in this context.

Keywords: Web Services, Trust, Security, SOA, Federated ERP

1 Introduction

Modern ERP systems consist of many software components which are related to each other. Currently these components are administered on a central application server. In connection to the ERP system complexity several problems appear:

- Not all installed components are needed.
- High-end computer hardware is required.
- Customizing is expensive.

Due to the expensive proceedings of installation and maintenance only large enterprises can afford such complex ERP systems. One solution to face these problems is to develop a distributed ERP system where the system components are reachable over a network (e.g. internet). This component ensemble (federated system) still appears as single ERP system to the user, however it consists of different independent elements which exist on different computers. Based on this construction it is possible for an enterprise to access on-demand functionality (components) as services of other network members over a P2P network. This approach solves the mentioned problems as follows:

- Due to the separation of local and remote functions, no local resources are wasted for unnecessary components.
- Single components are executable on small computers.
- Due to decreasing complexity of the local system also installation and maintenance costs subside.

As a result of these (cost) advantages ERP systems of the specified kind would open up new vistas to small- and medium-sized enterprises, which require the same functionality and scalability as large enterprises [6]. Figure 1 shows the two approaches in comparison to each other. The left hand side represents the architecture of a conventional ERP system where a closed amount of ERP components (C1, C2, ..., C6) are installed on the same application server and were developed by the same software vendor. The right hand side shows an open ERP network where each node is assigned to one ERP component which is provided as service (S1, S2, ..., Sn). This network consists of allied network nodes that all together represent a federated ERP system. New components are added as new network nodes that provide corresponding services.

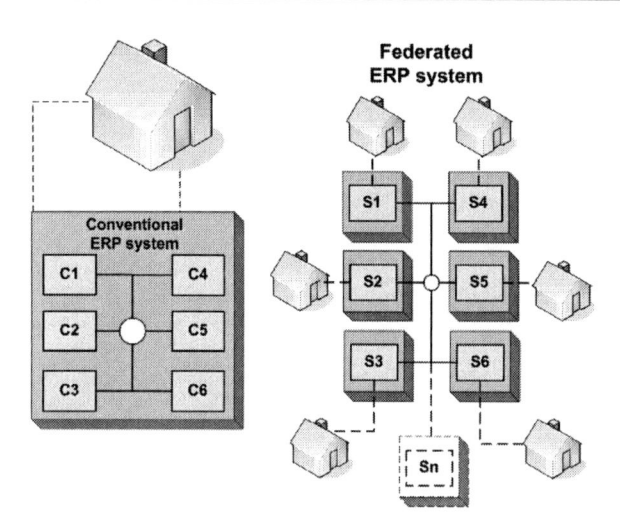

Figure 1: Conventional ERP system with ERP components (C1-C6) versus a federated ERP system that provides its ERP components as services (S1-Sn)

2 Background

An ERP system is a standard software system which provides functionality to integrate and automate the business practices associated with the operations or production aspects of a company. The integration is based on a common data model for all system components and extents to more than one enterprise sectors [6].

A federated ERP system (FERP system) is an ERP system which consists of system components that are distributed within a computer network. The overall functionality is provided by an ensemble of allied network nodes that all together appear as a single ERP system to the user. Different ERP system components can be developed by different vendors [4].

2.1 Security Extensions

Enhancing the described approach a lot of research and technique level problems accrue. If the goal is to connect different enterprises to one single ERP system, a characteristic issue is standardizing and disclosure of the underlying ERP system architecture [4]. Besides, in connection with the common use of distributed applications, several *security problems* exist. The most important security objectives in the case of distributed ERP systems are:

- *Resource protection* (e.g. integrity and authenticity of system configurations)
- *Confidentiality* of transmitted data
- *Integrity* of transmitted data
- *Authenticity* of communication partners
- *Anonymity* of communication partners against unauthorized parties
- *Non-repudiation* of transactions
- *Availability* of Services
- *Reliability* (trustability) of communication partners.

A security model for FERP systems must pick up these requirements [5, 7].

Some security objectives are dependent from others e.g. if we have a system administrator in an enterprise, which does not (fully) support the enterprise security policy, as a result several security objectives could be under attack. Another example: if the basic resource protection of the ERP platform is not sufficient, attackers from the inside or the outside of the enterprise may hurt the integrity and confidentiality of the data stored by the ERP system.

Because of this complexity of the security state of system and system management it is important, to inform users in a reliable manner about the security aspects of a (ERP) system platform. E.g. security evaluation and security certification of systems, executed by trusted third parties according to security evaluation criteria, like ITSEC or Common Criteria (ISO/IEC 15408), are methods to support users in the area of system security aspects by reliable information. These security evaluation and certification results could be important indicators for the trustworthiness of a system for users, and therefore also for services providers.

In the context of federated ERP Systems not only security objectives of the system or service provider are important, but also the security objectives of the customers (users) of these providers. Therefore we have a need for "multiparty security" or "multilateral security" in this context [5].

Nowadays, innovative security architectures and systems have the ability to combine multiparty security and trustworthiness [8]: these systems offer to users remote inspection functionality, to check the system security state (especially the system integrity state) and the security evaluation/trustworthiness state simultaneously. Other service and reputation related information for users could be offered by using trust extensions.

2.2 Trust extensions

When we use the term trust in this chapter we refer to the definition by Tyrone Grandison who stated that trust is the quantified belief by a trustor with respect to the competence, honesty, security and dependability of a trustee within a specified context. A competent entity is capable of performing the functions expected of it or the services it is meant to provide correctly and within reasonable timescales [1]. As stated by M. A. Maarof et al. trust can be classified into three categories [2] which are

- *objective trust* which expresses an absolute reliability based on the experience to trust others
- *subjective trust* which can be seen as a mental state that influences the behaviour of individuals and
- *reputation* which is based on evaluation of past activities.

This work focuses on the establishment of trust relationships based on reputation and for the definition of this term we refer to Ostrom who stated that reputation is the perception that an agent creates through past actions [3].

3 Service Evaluation Protocol

In this paragraph we describe the Service Evaluation Protocol (SEP) which aims at the evaluation of services as basis for the establishment of trust. This protocol features a secured way for service consumers to evaluate the quality of services. In order to abandon central instances where evaluations have to be stored and accessed as data records the providers themselves are supposed to administer the ratings which refer to their own services. The application of security mechanisms hinders service providers from manipulating their ratings respectively. Therefore evaluation data is going to be processed by trusted third parties. The fact that also service consumers can manipulate their evaluations, e.g. by dealing dishonestly with service evaluations, is not considered in this work.

3.1 Prerequisites and applied security mechanisms

Prerequisite for the correct functioning of the protocol is the availability of a Public-Key-Pair for all participants. We assume that all Public-Keys are encapsulated in certificates which can ensure that the assignment of personal identification information is trustworthy. The following security mechanisms are used in the protocol:

- Asymmetric crypto-algorithm for encryption $e(PK,M)$ and decryption $d(e(PK,M),SK) = M$; (PK (P) → Public-Key of participant P and SK (P) → Secret-Key of participant P, M → Message)

- Digital signature technique with signature $SIG = s(SK(P),M)$ and verification $M = v(SIG, PK(P))$

3.2 Protocol functionality

Figure 2 shows the infrastructure of the presented reputation-based trust model and the different steps of the SEP whereas service consumers evaluate the quality and reliability of service responses of providers and trusted parties analyse these evaluations. Evaluations build the basis for the establishment of reputation as regard to the competence of component providers. The main idea of the presented model is that the provider of a service can extend his service description by adding information about past transactions. Service consumers can access this information as basis for the decision whether to use the service or not. Security objectives are the authenticity and integrity of evaluation information in general, but especially protection of the evaluation information against manipulations by an attack from the service provider. The protocol includes the following steps:

1. The service consumer requests the execution of a service.
2. The service provider executes the service and sends the result as return value back to the service consumer. In addition to the return value the provider chooses a trusted party sends the identification of a trusted party to the consumer and asks for the evaluation of his service.
3. If the service consumer agrees with the choice and trusts the third party he evaluates the service and encrypts the evaluation for the trusted party. Furthermore he signs the encrypted evaluation in order to authenticate himself against both the provider and the trusted party. Then the service consumer sends his encrypted evaluation to the provider.
4. The provider stores the encrypted evaluation in a temporary database. When the provider decides to renew his evaluation summary he sends all evaluations that were encrypted for the respective trusted party and his old evaluation summary to the trusted party and requests an evaluation analysis and thus the renewal of his old evaluation summary.
5. The trusted party checks the validity of all signatures, decrypts the evaluations and compares all evaluations of the past, which are stored in the archive of already considered evaluations, with the new ones. If the evaluations have not been used yet, the trusted party stores the new evaluations in its archive and aggregates the values of the new evaluations with the values of the old evaluation summary. Finally the trusted party signs the new evaluation

summary and sends it back to the provider. The provider can renew its service description by exchanging the evaluation summary.

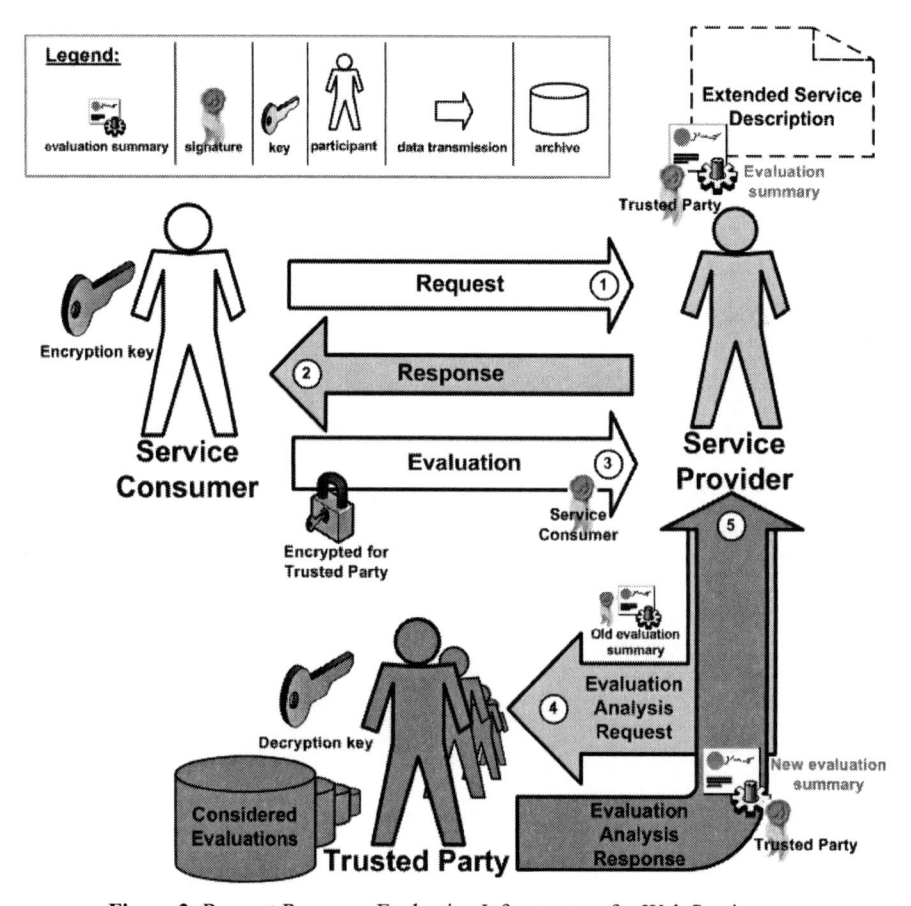

Figure 2: Request-Response-Evaluation Infrastructure for Web Services

3.3 Evaluation of Web Services

In order to use SEP for Web Services we propose the application of XML Signatures[18] and XML Encryption[19] according to the description above. Figure 3

---

[18] http://www.w3.org/TR/xmldsig-core/

[19] http://www.w3.org/Encryption/2001/

shows a signed evaluation summary as example tree. The summary includes identifiers of the evaluated Web Service and the respective provider. Furthermore there are objective and subjective attributes. For the aggregation of all evaluation values the average value has been calculated by a trusted party. In order to provide more statistical information this example also includes the standard deviation.

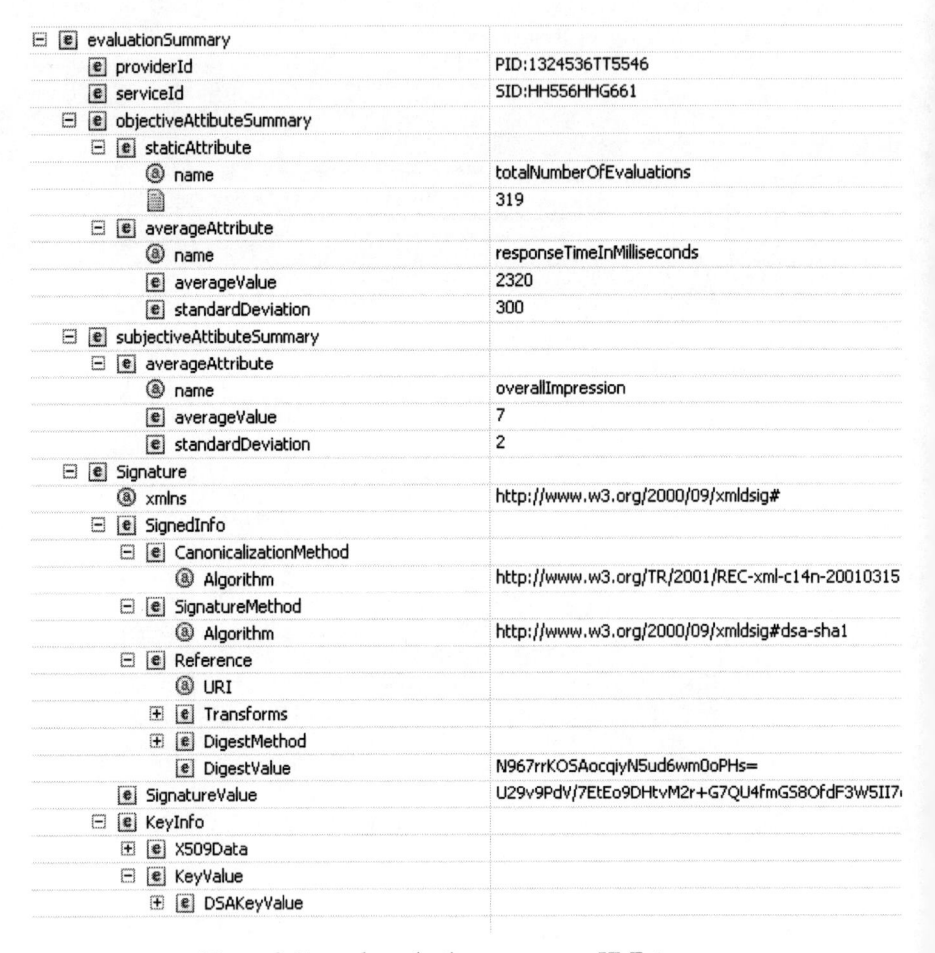

evaluationSummary	
providerId	PID:1324536TT5546
serviceId	SID:HH556HHG661
objectiveAttributeSummary	
staticAttribute	
name	totalNumberOfEvaluations
	319
averageAttribute	
name	responseTimeInMilliseconds
averageValue	2320
standardDeviation	300
subjectiveAttributeSummary	
averageAttribute	
name	overallImpression
averageValue	7
standardDeviation	2
Signature	
xmlns	http://www.w3.org/2000/09/xmldsig#
SignedInfo	
CanonicalizationMethod	
Algorithm	http://www.w3.org/TR/2001/REC-xml-c14n-20010315
SignatureMethod	
Algorithm	http://www.w3.org/2000/09/xmldsig#dsa-sha1
Reference	
URI	
Transforms	
DigestMethod	
DigestValue	N967rrKOSAocqiyN5ud6wm0oPHs=
SignatureValue	U29v9PdV/7EtEo9DHtvM2r+G7QU4fmGS8OfdF3W5II7
KeyInfo	
X509Data	
KeyValue	
DSAKeyValue	

Figure 3: Example evaluation summary as XML tree

5 Future trends

Deploying SEP in a federated ERP system scenario where Web Service technology is used to wrap ERP components the first step to the direction of a trustworthy federated ERP system is done. According to the evaluation of past transactions new service consumers can reason the trust level of providers and compare services of the same type. Assumed that a federated ERP system underlies a standardization process where Web Service types are assigned to respective semantics regarding their functionality a trust level expresses non-functional quality features like professional correctness, performance or the total number of uses.

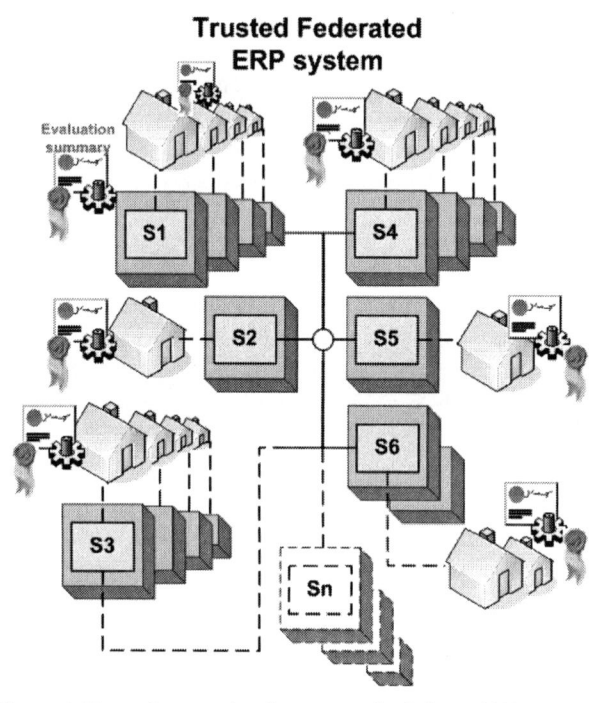

Figure 4: Example scenario of a trustworthy federated ERP system

Figure 4 shows a federated ERP system network with different providers which provide the same type of Web Service. A service consumer orchestrates his ERP system by choosing the services he needs on the basis on trust-related information which was created by other service consumers in the past.

Within the security policy description of the service provider for the service, segregation should be made between authenticated third party based trustworthiness attributes and other user based trust and reputation attributes for services.

5 Conclusions

In this chapter we described a new protocol for a secured trust management model which is based on evaluations of service consumers regarding the trustability of services. The protocol describes how these evaluations can be stored on the provider-side in order to decrease the organization expenditures on the consumer-side. Because the necessary security mechanisms refer to a message-based exchange strategy conventional connection-oriented protocols like SSL or VPN are not useful in this context. We showed the example scenario of a federated ERP system where Web Services wrap business components of ERP systems. The protocol uses digital signatures and encryption algorithms in order to secure authenticity, integrity and confidentiality of evaluations which are exchanged as messages. The protocol has to be seen as an extendable model whereas various adoptions are imaginable. Trustworthiness and reputation attributes could be bound to the service description by different PKI-based security functions, integrated within the web service framework of the service provider. Security and economic trade-off consideration are needed, to decide whether special attributes should be bound by authentication and trusted computing techniques, or by service evaluation protocol techniques, as proposed here.

References

1. Grandison, T.: Trust Specification and Analysis for Internet Applications. Ph.D. Thesis, Imperial College of Science Technology and Medicine, Department of Computing, London (2003)
2. Maarof M.A. and Krishna K. (2002): An hybrid trust management model for multi agent system based trading society, Proceedings of the International Workshop on Communication Software Engineering IWCSE'2002, Marrakech, Morocco
3. Ostrom, E. (1998): A Behavioral Approach to the Rational-Choice Theory of Collective Action. American Political Science Review 92(1), pp. 1-22.
4. Brehm, N.; Marx Gómez, J. (2005): Standardization approach for Federated ERP systems based on Web Services, Proceedings of the 1st International Workshop on Engineering Service Compositions, Amsterdam

5. Brehm, N.; Marx Gómez, J. (2005a): Secure Web service-based Resource Sharing in ERP Networks, International Journal on Information Privacy and Security (JIPS)

6. Brehm, N.; Marx Gómez, J.; Rautenstrauch C. (2006): An ERP solution based on web services and peer-to-peer networks for small and medium enterprises, International Journal of Information Systems and Change Management (IJISCM)

7. Brehm, N.; Marx Gómez, J.; Rautenstrauch C. (2005b): Web Service-based ERP systems and an open security model, Proceedings of 16th IRMA International Conference - Managing Modern Organizations with Information Technology, (IRMA'2005), San Diego, (USA)

8. Trusted Computing Group (2003): TCG Software Stack Specification (TSS), https://www.trustedcomputinggroup.org/

Datenbanktechnologie heute

Michael Höding
Fachhochschule Brandenburg, Magdeburger Str. 50, 14770 Brandenburg/Havel

Abstract: In diesem Beitrag werden einige Aspekte der Technologie und Anwendung von Datenbanksystemen überblicksartig diskutiert. Dabei wird einerseits ein Blick auf den aktuellen Stand der Technik geworfen, andererseits die Entwicklung der letzten zehn Jahre reflektiert.

Keywords: DBMS, XML, MySQL, Oracle, Open Source

1 Einführung und Motivation

Datenspeicherung ist eine der wichtigen Aufgaben von Informationssystemen. Seit Anfang der 70er Jahre werden hierzu Datenbankmanagementsysteme (DBMS) eingesetzt. Diese bieten einen performanten und sicheren Datendienst für den Mehrbenutzerbetrieb. Die Anforderungen an DBMS hat Codd in [Cod82] formuliert. Diese sogenannten Codd'schen Regeln helfen nach wie vor bei der Beurteilung von DBMS-Anwendungen und von DBMS selbst. Insbesondere können die folgenden beiden Fragen beantwortet werden:

- *Ist ein Datenverwaltungssystem ein wirkliches Datenbankmanagementsystem oder muss man es eher als Pseudo-DBMS einordnen?* Unterstützt ein System beispielsweise keine referenzielle Integrität so ist bei der Anwendung mit Problemen zu rechnen: Die referenzielle Integrität muss im Programmcode der Anwendung gesichert werden. Wird dies nicht durchgängig (in allen Programmen, über die gesamte Betriebszeit) realisiert, so entsteht eine möglicherweise verschmutzte Datenbank.

- *Benötigt man wirklich ein echtes Datenbanksystem?* Für einige Anwendungsfälle sind nicht alle Funktionen eines DBMS notwendig. Ist beispielsweise gesichert, dass ein Auskunftssystem nur von einem Benutzer zu definierten Zeitpunkten mit Daten versorgt wird, kann unter Umständen auf Transaktionsverwaltung verzichtet werden. Dadurch wird das DBMS schneller.

Gerade die letzte Frage ist interessant, da es inzwischen zahlreiche Alternativen zu kommerziellen Datenbankmanagementsystemen gibt, deren kompetenter und kritischer Einsatz in vielen Anwendungen erfolgreich durchgeführt wurde.

Der vorliegende Beitrag soll heutigen Stand und die Entwicklungen in der letzten Dekade stichpunktartig diskutieren. Die Breite der Ausführungen widerspricht einer tieferen Behandlung einzelner Aspekte. Die Darstellung ist dabei eher subjektiv und episodisch.

2 Datenbank-Design

Für den Entwurf von Datenbanken stehen eine fundierte Theorie, ein Vorgehensmodell, Entwurfsmethoden und Werkzeuge zur Verfügung [HS00]. Sehr große Bedeutung hat nach wie vor der Entwurf von Datenbanken auf Basis des Entity-Relationship-Modells nach Chen [Che76]. Zahlreiche konzeptionelle Erweiterungen und Dialekte des ER-Modells haben dazu geführt, dass verschiedene Varianten gebräuchlich sind. Eine Alternative stellt der objektorientierte Entwurf mit UML [Kec06] dar, der eine engere Anbindung an den Entwurf der Applikationsschicht ermöglicht und auf einem Standard beruht. Trotz der Vorteile gelingt es UML nur langsam sich durchzusetzen.

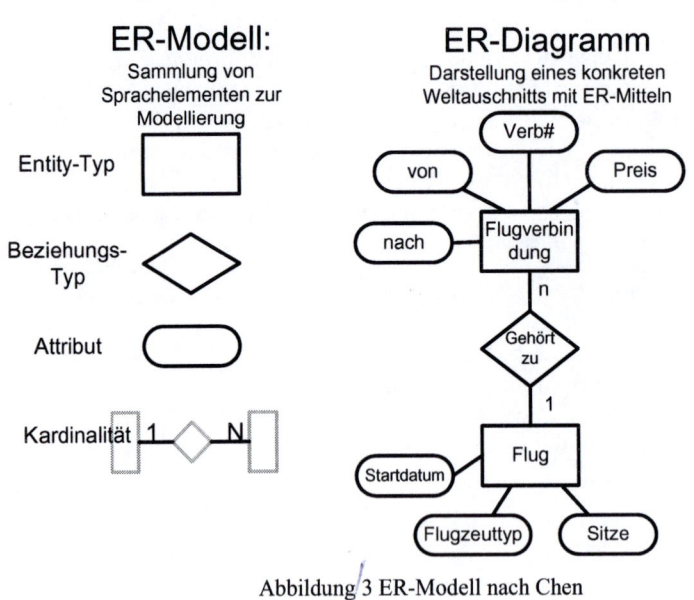

Abbildung 3 ER-Modell nach Chen

In der frühen Phase des Datenbankentwurfs wird auf Basis der Anforderungsanalyse ein konzeptionelles Schema entworfen. Die Darstellung ist abstrakt und anschaulich. Sehr genau kann z.B. über die Kardinalitäten der Beziehung ausgedrückt werden, welche Beziehungen in der realen Welt als gültig betrachtet werden und deshalb in der Datenbank gespeichert werden sollen (vgl. Abb. 1). Dabei sollen einerseits alle gültigen Beziehungen in der Datenbankstruktur abspeicherbar sein, andererseits die Speicherung aller verbotener Beziehungen abgewiesen werden.

Das ER-Schema wird dann über mehrere Schritte in ein implementiertes Datenbank-Schema überführt, wobei fundierte Abbildungsmethoden zum Einsatz kommen. In jedem Schritt werden zusätzliche Informationen hinzugenommen und die Struktur konkretisiert. Die modellierten Strukturen bleiben dabei erhalten. Die Abbildungsmethoden zielen auf weitgehende Redundanzfreiheit. Man erhält eine Datenbank, die alle notwendigen Informationen abbilden kann, aber keine darüber hinaus gehenden. Damit kann das DBMS die Entstehung von Inkonsistenzen verbieten.

In der Praxis zeigt sich allerdings das Problem, dass die verfügbaren Techniken und Methoden nicht konsequent angewendet werden und es deshalb zu Problemen beim Datenbankbetrieb kommt. Ursachen sind oft mangelnde Kenntnisse der Verantwortlichen, Nutzung von Werkzeugen, die einen automatischen Entwurf versprechen oder Evolution kleiner Systeme zu Anwendungen, die eine weiter reichende Bedeutung erlangen. Das Reengineering solcher Anwendungen erweist sich oft als teuer und kritisch.

Aber auch objektive Ursachen stehen der konsequenten Anwendung der Entwurfsmethodik entgegen. So ist eine durch Normalisierung stark fragmentierte Datenbank langsamer als eine Universaltabelle. Hier stellen moderne DBMS allerdings Lösungen durch geclusterte Speicherung zur Verfügung [ALS06].

Ingesamt ist zu sagen, dass die ER-Methode immer noch eine wichtige Grundlage existierender Systeme ist und auch bei neuen Entwicklungen zum Einsatz kommt.

3 Datenbankintegration, Legacy DB

Oft entstehen neue Systeme durch die Integration vorhandener sog. Legacy-Systeme. Bestehende Systeme müssen miteinander verbunden werden, um übergreifende Prozesse zu unterstützen. Integration ist notwendig aber nicht einfach. Das Diealbild des *einen integrierenden Systems* wurde von SAP zugunsten einer Integrationsarchitektur aufgegeben [NFN06]. Gründe hierfür sind:

- In der Praxis bewährte Systeme decken Spezialgebiete ab, die nicht sinnvoll durch Standardsoftware abgedeckt werden können.
- Anwender sind mit den Legacy-Anwendungen vertraut. Es gibt Skepsis und Widerstände.

Aus diesem Grund sind die Themen der Datenintegration bzw. Datenbankintegration Dauerbrenner von Forschung und Anwendung. Wenn man davon ausgeht, dass unabhängig voneinander entwickelte Datenbanken in ihren Schnittbereichen dieselbe Realwelt abbilden, sollten die entstandenen Schemata widerspruchsfrei und damit alle Konflikte lösbar sein. In der Praxis ist dies meist nicht der Fall. Eine Integration, die alle Konflikte löst, muss in die Autonomie der vorhandenen Systeme eingreifen und ist damit mit einem hohen Risiko und mit sehr großem Aufwand verbunden [Con97].

Aus diesem Grund haben sich Ansätze zur festen Kopplung nicht durchgesetzt. Auch Föderierte Datenbanksysteme sind nicht verbreitet, gleichwohl die in der Forschung entwickelten Konzepte ihren Niederschlag in aktuellen Integrationsarchitekturen gefunden haben.

Um Integration möglich zu machen müssen zahlreiche Kompromisse eingegangen werden:

- Nur die Datenbankteile, die für übergreifende Nutzung wichtig sind, werden integriert.

- Für das Finden und Verwalten von Identitätsinformationen müssen Mechanismen implementiert werden, die teilweise automatisch z.b. auf Basis von Mustern und Regeln realisiert werden können, teilweise aber auch manuelle Eingriffe erfordern.

- Schnittstellen für den schreibenden Zugriff sind sehr kritisch. Günstig ist es, wenn eine wohldefinierte Anwendungsschnittstelle zur Verfügung steht, die die Konsistenz- und Sicherheitsmechanismen der Legacy-Software nutzt.

Für die Integration haben sich im letzten Jahrzehnt einige Technologien durchgesetzt. Nachdem sich in den 90er Jahren durch die allgemeine Vernetzung auf Basis von TCP/IP die *technische Lücke* zwischen Rechnern geschlossen hatte, wurde durch Einsatz von XML-Technologien auch die *syntaktische Lücke* geschlossen [WHB01]. Auf XML-basierende Dokumente sind automatisch verarbeitbar und in einem gewissen Rahmen oder mit Hilfe von Werkzeugen auch durch den Menschen interpretierbar. Hierbei kommen Ansätze aus der Informatik, insbesondere aus dem Bereich formale Sprachen und Automatentheorie zum Einsatz. Inzwischen werden XML-Schnittstellen von nahezu jedem Anwendungssystem angeboten.

Das Problem der *semantischen Lücke* ist heute noch nicht befriedigend gelöst. Zwar erschließt sich Semantik oft durch Struktur und Ausprägung. Jedoch ist eine sichere Interpretation nur mit formalen Methoden möglich und damit selten praktikabel. Hier stehen Ansätze wie Ontologien oder Web-Services mit SOAP und UDI bereit [PKW03].

Insgesamt ist die Kopplung von Systemen nach wie vor ein kritisches und aufwändiges aber auch sehr lohnenswertes Vorhaben. Gelungene Integration ermöglicht durch eine korrekte integrierte Datenbasis genaue und korrekte Planungen (Zeit, Kosten) und eine schnellere Bearbeitung von Vorgängen.

4 Systeme

Das Datenbankmanagementsystem ist eine wesentliche Grundlage eines jeden Informationssystems. Es ermöglicht der Anwendungsschicht große Datenmengen strukturiert zu speichern und wiederzugewinnen. Ziele dabei sind kurze Antwortzeiten und Datensicherheit, selbstverständlich im Mehrbenutzerbetrieb. Grob lassen sich die Systeme in kommerzielle DBMS und freie DBMS einteilen.

4.1 Kommerzielle DBMS

Kommerzielle Datenbankmanagementsysteme erfüllen die Anforderungen an ein DBMS uneingeschränkt und bieten eine große Menge zusätzlicher Funktionalitäten. Im High-End-Bereich hat sich der Markt in den letzten Jahren konsolidiert. Von den ehemals „Big Four" sind nach dem Aufkauf von Informix durch IBM im Grunde genommen mit Oracle und DB2 noch zwei sehr große Datenbanksysteme verblieben (vgl. Abb. 2). Selbstverständlich existieren noch zahlreiche Installationen mit älteren DBMS; auch aus vorrelationaler Zeit. Solche Systeme abzulösen, die den Datenschatz eines Unternehmens beherbergen und zudem eng mit den speziell entwickelten Anwendungsprogrammen verbunden sind, ist in der Regel teuer und riskant.

Die aktuellen DBMS der Oberklasse bieten u.a. folgende Funktionen

- Umsetzung des SQL-Standards [Tür03] und zusätzlicher proprietärer Erweiterungen, die die Kundenbindung verstärken
- Objektorientierung im Kern
- Web-Unterstützung
- XML im Kern, XML-Import und -Export
- Data-Warehouse-Erweiterungen und Tools
- Verteilung, Skalierbarkeit und Hochverfügbarkeit

Kommerzielle DBMS sind in den letzten Jahren durch freie DBMS unter Druck gesetzt worden. Sie haben hierauf u.a. durch eine veränderte Lizenzpolitik reagiert. Ingesamt ist allerdings zu sagen, dass in wirklich kritischen Bereichen der Unternehmenssoftware IT-Entscheider und Entwickler auf kommerzielle Produkte setzen.

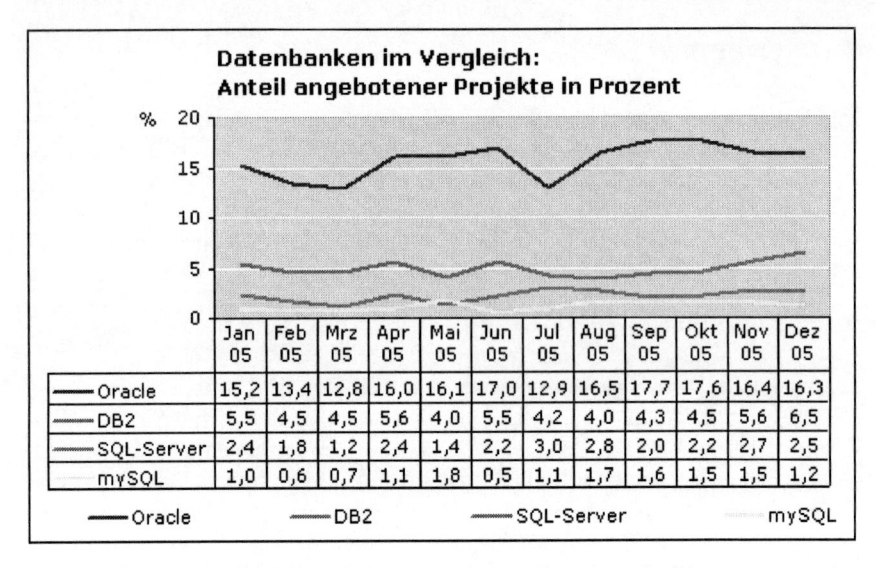

**Datenbanken im Vergleich:
Anteil angebotener Projekte in Prozent**

	Jan 05	Feb 05	Mrz 05	Apr 05	Mai 05	Jun 05	Jul 05	Aug 05	Sep 05	Okt 05	Nov 05	Dez 05
Oracle	15,2	13,4	12,8	16,0	16,1	17,0	12,9	16,5	17,7	17,6	16,4	16,3
DB2	5,5	4,5	4,5	5,6	4,0	5,5	4,2	4,0	4,3	4,5	5,6	6,5
SQL-Server	2,4	1,8	1,2	2,4	1,4	2,2	3,0	2,8	2,0	2,2	2,7	2,5
mySQL	1,0	0,6	0,7	1,1	1,8	0,5	1,1	1,7	1,6	1,5	1,5	1,2

Abbildung 2: DBMS-Markt 2005 (Quelle www.gulp.de)

4.2 Freie DBMS

Freie DBMS sind quelloffen und kostenlos verfügbar. Durch die Quelloffenheit soll die Entdeckung und Behebung von Fehlern durch die Community ermöglicht werden. Der Aspekt der Kostenfreiheit ermöglicht die unkomplizierte Nutzung einer Datenbanktechnologie für Prototypen und fördert die weite Verbreitung [PS04].

Die Entwicklung freier DBMS war in den vergangenen Jahren durch eine Vielfalt an Ansätzen und Prototypen gekennzeichnet. Man sollte aber nicht vergessen, dass das von diesen vielen Ansätzen nur wenige überlebt haben. Letztendlich verdanken MySQL und PostgreSQL dieser Vielfalt den heutigen Erfolg. Die Kritik gegenüber freien DBMS hinsichtlich einer langfristigen Verfügbarkeit ist also grundsätzlich nicht unbegründet.

Anhand von MySQL kann man sehr gut die fortschreitende Entwicklung beobachten. War Anfang des Jahrtausends MySQL vor allem ein halbwegs benutzbarer SQL-Speicher, so kann es heute als DBMS bezeichnet werden. Damals fehlten Transaktionsmechanismen, referenzielle Integrität oder geschachtelte Anfragen. Diese Defizite waren in der Dokumentation benannt und sind systematisch behoben worden. Für viele Anwendungsfälle ist das Fehlen z. B. von Transaktionsmechanismen kein Problem sondern ein Vorteil. Transaktionen kosten Zeit – wenn man auf sie verzichtet, wird das System schneller.

In den letzten Jahren haben freie DBMS eine Stabilität erreicht, die sie auch für Unternehmenssoftware geeignet macht. Im Unternehmenskontext sind sie allerdings nicht mehr kostenlos, sondern verursachen die selbstverständlich anfallenden Administrations- und Wartungskosten. Insgesamt kommt den Lizenzkosten im betrieblichen Umfeld eine eher untergeordnete Rolle zu.

Ein entscheidender Verdienst freier DBMS liegt darin, dass sie der Datenbanktechnologie auf breiter Basis zum Durchbruch verholfen haben. Die Nutzung einer Datenbank als persistenten Speicher ist dabei, die Datei auch im PC-Bereich abzulösen. Die Vorteile des realisierten SQL-Speichers, wie:

- einfache strukturelle Erweiterbarkeit,
- einfache Recherche,
- hohe Datensicherheit,
- Selbstdokumentation durch den Katalog,
- Programmiersprachanbindung, insb. für Web-Anwendungen und
- komfortable Installation und Administration durch Werkzeuge

haben Anwender überzeugt. Innovationen aus diesem Bereich haben auch kommerzielle DBMS unter Druck gesetzt.

5 DB-Anwendung

5.1 Betriebliche Anwendungssysteme

Die klassische Datenbankanwendung ist die Unterstützung des transaktionsorientierten Betriebs, der auch als OLTP (Online Transaction Processing) bezeichnet wird. Typische Transaktionen sind dabei Buchungen oder Kalkulationen bei denen einerseits die Transaktionen sehr kurz sind, andererseits eine sehr große Zahl an Transaktionen pro Zeiteinheit anfällt. Moderne relationale DBMS bewältigen eine solche hohe Transaktionslast. Sie haben sich als Basis für große betriebswirtschaftliche Anwendungssysteme (Very Large Business Applications - VLBA) bewährt.

5.2 Data Warehousing

In einem Data Warehouse werden historische Daten gespeichert, aufbereitet und analysiert. Diese Art der DBMS-Nutzung wird als Online Analythic Processing (OLAP) bezeichnet. Sie stellt grundsätzlich andere Anforderungen an das DBMS.

Hierbei gibt es nur einen oder wenige schreibende Prozesse, die im Wesentlichen den Datenimport durchführen. Importierte Daten werden nicht mehr geändert. Sie sind die Basis für umfangreiche Analysen (vgl. Abb. 3).

Der Prozess zum Aufbau eines Data Warehouse ist mit ähnlichen Problemen verbunden wie die Datenbankintegration. Auch hier müssen Konflikte beseitigt, Beziehungen hergestellt und unsaubere Daten bereinigt werden. Erleichternd kommt hinzu, dass der Transport der Daten nur in einer Richtung, also vom Quellsystem ins Data Warehouse, erfolgt.

Data Warehousing wird von den kommerziellen Datenbanksystemen durch spezielle Datenbankstrukturen, SQL-Erweiterungen und Anfragewerkzeuge unterstützt.

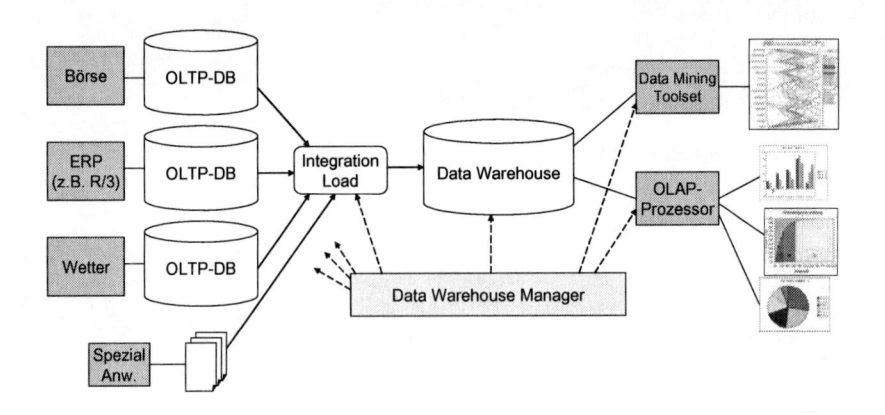

Abbildung 3: Data-Warehouse-Referenzarchitektur

5.3 Datenbanken und Web

Vor 10 Jahren war das Web noch weitgehend statisch. Dies hat sich grundlegend gewandelt. Heutzutage basiert ein großer Teil der Web-Sites auf Datenbanktechnologie. DBMS sind Grundlage von Content-Management-Systemen, Wikis, Blogs oder E-Commerce-Systemen. Durch die Modularisierung von Web-Seiten-Inhalten liegt die Nutzung von DBMS als einfacher SQL-Speicher nahe. In Verbindung damit lassen sich unmittelbar und einfach DBMS-Mechanismen, z. B. zur Textsuche (`like '%SUCHWORT%'`), einsetzen und so neue Funktionalitäten im Web realisieren.

Auf der anderen Seite werden Datenbanktechnologien auch für Suchmaschinen eingesetzt. Hier kommen Techniken aus den Bereichen Multimedia-Datenbanken und Information Retrieval zum Einsatz.

5.4 Wissenschaftliche Datenbanken, Genome DB

Genom-Datenbanken sollen hier als Beispiel für sehr große wissenschaftliche Datenbanken genannt werden. Gerade in diesem Bereich spiegeln die vergangenen 10 Jahre die typischen Probleme der Datenintegration wieder. Neben den zentralen Genom-Daten gibt es eine Reihe von Datenbanken zu Krankheiten, Enzymen oder biochemischen Reaktionen. Oft werden diese Datenbanken in Form von Dateien verwaltet oder exportiert. Das entschlüsselte Genom ist sehr groß. Zugleich sind die Daten fehlerbehaftet. Hier wird versucht ähnliche Methoden wie beim Data Warehousing zu nutzen.

6 DB-Kern, Architektur und Betrieb

6.1 Skalierbarkeit, Verteilung

Auch im Kern haben sich Datenbanken weiterentwickelt. Die Anforderungen für den OLTP-Betrieb sind gestiegen. Während sich vor 10 Jahren Datenbanken im Giga-Byte-Bereich bewegten sind heute Größen über der Tera-Byte-Grenze nicht unüblich. Vorhandene Entwicklungen im Bereich Hardware aber auch bei Betriebssystemen werden genutzt, um Daten detaillierter abzuspeichern, z.B. jede Kaufposition einer Supermarktkette. Auch die Abspeicherung multimedialer Daten wie Bilder, Töne oder Filmsequenzen ist möglich und wird genutzt. Die Zahl der Nutzer ist ebenfalls gestiegen.

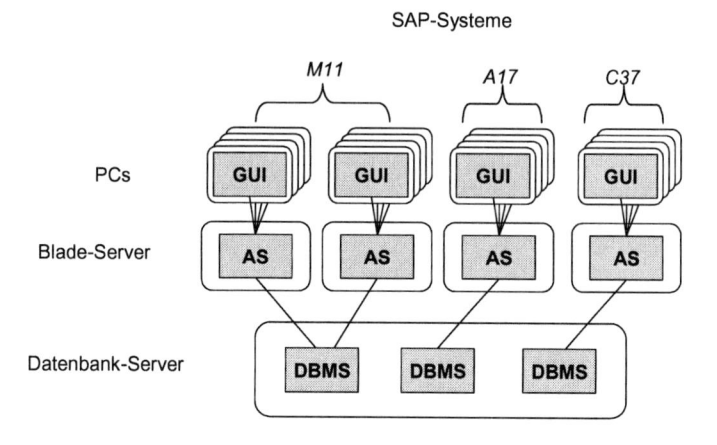

Abbildung 4 Skalierbare Architektur unter Nutzung von Blades

Die Skalierbarkeit wird weiterhin durch verteilte Datenbanken unterstützt. Eine Datenbank wird dabei über mehrere Rechner verteilt [ALS06]. Allerdings sind schreibende Transaktionen auf einer verteilten Datenbank mit einem höheren Koordinationsaufwand (durch das DBMS) verbunden. Moderne kommerzielle DBMS beherrschen dies jedoch. Ein anderer Weg besteht darin, die Anforderungen zu senken wie es z.b. in Verbindung mit Web-Anwendungen möglich ist. Hier dominiert der lesende Zugriff: Eine große Zahl lesend Zugreifender steht einer kleinen Zahl an Autoren gegenüber. Hier kann durch Anwendungswissen eine Architektur ausgeprägt werden, die mit leichtgewichtigen Transaktionsmechanismen Verteilung und hohe Performance ermöglicht.

6.2 Skalierbarkeit, mobile DBMS, leichtgewichtige DBMS

Skalierbarkeit wird oft einseitig unter dem Gesichtspunkt des wachsenden Systems gesehen. Eine andere Richtung der Skalierbarkeit von DBMS ist in Zusammenhang mit mobilen Geräten in den Fokus von Forschung und Entwicklung geraten. Mobile Systeme verfügen in der Regel über begrenzte Ressourcen. Hierbei sind Energie, Speicher oder auch Netzwerkzugriff zu nennen. Für die Anwendungsentwicklung ist ein Datendienst erwünscht, der DBMS-ähnliche Funktionalität bietet, zumindest einen SQL-Speicher. Das mobile DBMS sollte intelligent vorausschauend Daten von externen Systemen laden und zwischenspeichern, wenn eine kostengünstige Verbindung zur Verfügung steht. Bezüglich der Transaktionen ergeben sich besondere Randbedingungen: Da am mobilen Endgerät nur ein Benutzer aktiv ist, benötigt man für lokale Anwendungen keinen Transaktionsmechanismus. Werden Transaktionen auf entfernten Systemen durchgeführt und besteht keine Verbindung, so muss das mobile System diese Transaktionen nachsynchronisieren. Hierbei ergeben sich möglicherweise Konflikte.

Um leichtgewichtige DBMS zu implementieren, die genau die notwendigen Eigenschaften besitzen wurde das Paradigma der Aspektorientierten Programmierung vorgeschlagen [RLA07].

6.3 Erweiterte Datenbankmodelle: Objektorientierung, Multimedia und XML

Entwicklungen des Datenbankmodells haben sich mit verschiedenen Zielsetzungen vollzogen. Als Reaktion auf den zeitweise großen Erfolg objektorientierter Datenbanken Anfang der 90er Jahre haben die Anbieter relationaler DBMS sehr schnell begonnen objektorientierte Konzepte in den Datenbankkern zu integrieren. So stellen sich Oracle und Co. inzwischen als Objektrelationale Datenbanken dar, die komplexe Objekte, Kapselung oder Vererbung unterstützen [Tür03,TS05].

Multimedia-Daten stellen zunächst volumenmäßig eine Herausforderung dar. Oft übersteigen Multimedia-Attribute den durch einen Datenbank-Block zu Verfügung gestellten Speicherplatz. Auch durch die Anwendung ergeben sich besondere Herausforderungen. Beispielsweise müssen Multimedia-Daten vom Typ Film oder Ton als unterbrechungsfreier Datenstrom ausgegeben werden. Eine andere Anforderung ist die nach unscharfer Suche und nach Ähnlichkeitsoperationen. DBMS unterstützen Multimedia durch spezielle Erweiterungen [Sch05].

XML war einer der Dauerbrenner der vergangenen Jahre. Als Hype gestartet und mit dem wirklich entscheidenden Beitrag der Überwindung der syntaktischen Lücke verbunden, haben sich Datenbankhersteller und Forscher intensiv mit XML beschäftigt. Jedes Datenbanksystem ist heute in der Lage XML zu exportieren und meist auch zu importieren, wenn auch mit verschieden großer Unterstützung. Einige DBMS bieten spezielle Datenstrukturen für XML-Daten und darauf basierende Anfragemechanismen.

6.4 Self-Service, Optimierung

Anfrageoptimierung und physisch optimierte Speicherung sind wichtige Möglichkeiten von DBMS um Anfragen schnell zu beantworten. Während früher durch algebraische Optimierung Anfragepläne errechnet wurden, haben sich in den vergangenen Jahren statistikbasierte Optimierer durchgesetzt. Hier entscheidet das DBMS auf Basis von Analysen des aktuellen Datenbestandes, welcher Plan zur Beantwortung einer Anfrage am schnellsten ist. Die Berechnung von Statistiken selbst stellt dabei auch einen Aufwand dar und erfolgt in der Regel zu lastarmen Zeiten. Allerdings liegt eine wesentliche Verantwortung beim DB-Entwickler oder Administrator, der bestimmt, welche Indexe angelegt werden. Indexe werden für häufig in Anfragen vorkommende Attributkombinationen mit einer hohen Selektivität angelegt. Beide Eigenschaften können beim Entwurf nur geschätzt werden und sich im Betrieb verschieden ausprägen. Aus diesem Grunde werden in jüngerer Zeit Self-Services angeboten, durch die ein DBMS z.B. für die wirkliche Anfragelast und die ausgeprägte Datenbank Indexe anlegen kann [LSS07]. Weiterhin sind moderne Datenbanken in der Lage, den Speicher selbst optimal und flexibel zu verwalten [ALS06].

7 Fazit

Der vorliegende Beitrag hat den Stand und die Entwicklung der Datenbanktechnologie reflektiert. Nach der Erforschung in den 70er Jahren, der Markteinführung in den 80er Jahren, der Etablierung für kommerzielle Anwendungen in den 90er Jahren haben Datenbanken heute alle Bereiche der Informationssysteme ereicht. Eine große Herausforderung ist nach wie vor die Integration.

Literatur

[ALS06] Ahrends, J., Lenz D., Schwanke, P. und Unbescheid G.: Oracle 10g für den DBA, Addison Wesley, 2006.

[BG04] Bauer, A. und Günzel, H.: *Data-Warehouse-Systeme. Architektur, Entwicklung, Anwendung*, Dpunkt Verlag, 2004.

[BLS04] Balko, S., Lange, M., Schnee, R. und Scholz, U.: BioDataServer: an Applied Molecular Biological Data Integration Service. In Proc of. DILS 2004: S. 140-155, 2004.

[Che76] Chen, P. The Entity-Relationship Model--Toward a Unified View of Data, ACM Transactions on Database Systems, 1976.

[Cod82] Codd. E. F.: Relational Databases: A Practical Foundation fpr Productivity. Communications of the ACM, Band 25, N2. 3., S 109117, Februar 1982.

[Con97] Conrad, S.: Föderierte Datenbansysteme – Konzepte der Datenintegration, Springer Verlag 1997.

[HS00] Heuer, A. und Saake, G. Datenbanken Konzepte und Sprachen, mitp Verlag, 2000.

[Inm96] Inmon, W. H. : *The Data Warehouse and Data Mining*. In: Commun. ACM 39(11): 49-50, 1996´.

[Kec06] Kecher, C.: UML 2.0 – Das umfassende Handbuch, Galileo Press, 2006.

[LSS07] Lühring, M., Sattler, K.,Schallehn, E. und Schmidt, K.: Autonomes Index Tuning - DBMS-integrierte Verwaltung von Soft Indexen. In Proc. of BTW 2007, Aachen, 2007

[NFN06] Nicoleski, V., Funk, B. und Nimeyer, P.: Entwicklerbuch SAP Exchange Infrastructure, Galileo Press, 2006.

[PKW03] Pokraev, S., Koolwaaij, J. und Wibbels, N.: Extending UDDI with Context-Aware Features Based on Semantic Service Descriptions. In Proc. Of ICWS 2003, S. 184-190, 2003.

[PS04] Paul E. und Stoll R. Web-Datenbankanwendungen mit PHP und MySQL/PostgreSQL,mitp Verlag, 2004.

[RLA07] Rosenmüller, M., Leich, T. und Apel S.: Konfigurierbarkeit für ressourceneffiziente Datenhaltung in eingebetteten Systemen am Beispiel von Berkeley DB. Proc. BTW 2007: S. 329-341, 2007.

[Sch05]Schmitt, I.: Ähnlichkeitssuche in Multimedia-Datenbanken. Retrieval, Suchalgorithmen und Anfragebehandlung. Oldenbourg Verlag 2005.

[SHS05] Saake, G., Heuer, A. und Sattler. K.-U.: Datenbanken – Implementierungstechniken, mitp Verlag, 2005.

[Tür03] Türker, C.: SQL 1999 und SQL 2003. Objektrelationales SQL, SQLJ und SQL/XML, Dpunkt Verlag, 2003.

[TS05] Türker, C. und Saake, G.: Objektrelationale Datenbanken, Dpunkt Verlag, 2005.

[WHB01] Weitzel, T., Harder, T. Peter, Buxmann, P.: Electronic Business und EDI mit XML Dpunkt Verlag, 2001.

Barrierefreiheit und Webstandards - Kugelsicheres Webdesign der Zukunft

Stefan Breitenfeld

Otto-von-Guericke-Universität Magdeburg
Fakultät für Informatik (FIN/ITI)
Arbeitsgruppe Wirtschaftsinformatik, insb. Knowledge Management & Discovery
Postfach 4120
D-39016 Magdeburg
dirk.dreschel@iti.cs.uni-magdeburg.de

1 Einleitung

Kaum ein Bereich des öffentlichen Lebens hat sich in den vergangenen zehn Jahren so sehr gewandelt wie das Internet. Eine ständige Zunahme an vernetzten Haushalten und Organisationen, höhere Bandbreiten, in allen Belangen leistungsstärkere Rechner sowie neue Technologien und Standards haben dazu geführt, dass Web-Applikationen, Web-Services und Oberflächendesigns inzwischen wie selbstverständlich Nutzungspotenziale umsetzen und Möglichkeiten zum Datenaustausch eröffnen, die noch vor zehn bis zwölf Jahren nur kühne Visionäre prophezeit haben dürften. Eine aktuelle, diesen Sachverhalt illustrierende Strömung dürften wohl die so genannten Web 2.0 - Anwendungen darstellen.[20]

Es mag überraschend klingen, aber einen wesentlichen Grundstein für diese Entwicklung legte sicherlich der Niedergang der Firma Netscape am Ende des 20. Jahrhunderts, bedeutete er doch das Ende des „Browserkrieges".[21] Damit und mit

---

[20] Der etwas unscharfe Begriff Web 2.0 ist eigentlich nichts weiter als ein zu Marketing-Zwecken eingeführtes Schlagwort, oder besser noch: ein Hype. Er steht stellvertretend für eine Generation von breitbandigen Anwendungen und Diensten, die verschiedenen Technologien (wie etwa Asynchronous JavaScript And XML, kurz AJAX, oder Really Simple Syndication, kurz RSS) integrieren, um dynamische Plattformen (z.B. Wikis, Weblogs, Foto-, Audio- und Videoportale) zu schaffen, welche zwar zentral von einem Provider zur Verfügung gestellt, aber dezentral von den Plattformnutzern gepflegt und mit Inhalten gefüllt werden. Ein Marketing-Ziel ist es sicher, Kunden dazu zu bringen, bestimmte Webseiten oder Portale von sich aus zu besuchen, indem man ihnen in einem abgesteckten Rahmen aktive Gestaltungsmöglichkeiten einräumt.

[21] Der „Browserkrieg" fand in den 90er Jahren zwischen Netscape auf der einen und Microsoft auf der anderen Seite statt. Im Kampf um Marktanteile reicherten beide Hersteller ihre jeweiligen Browser immer mehr mit zusätzlichen, einzigartigen

dem zunehmenden Einfluss von globalen Standardisierungsgremien wie dem World Wide Web Consortium (W3C) wurde der Weg für dynamischere Webauftritte und die Durchsetzung von Webstandards geebnet. Auf Basis dieser Standards und eines neuen Bewusstseins für die Belange der Endnutzer wurde in den letzten Jahren der Begriff der *Accessibility* geprägt, um verschiedenen Nutzergruppen gleichermaßen uneingeschränkten Zugriff auf Webapplikationen zu ermöglichen. Mit diesen Konzepten der Webstandards und der Barrierefreiheit sollen sich die folgenden Kapitel kurz und prägnant auseinandersetzen.

2 Webstandards

Im modernen Webdesign wird immer häufiger unter Verwendung von Webstandards gearbeitet. Ein Grund dafür liegt sicher in den Restriktionen der Browser. Mit dem Ende des „Browserkrieges" zwischen Netscape und Microsoft und dem steigenden Einfluss des W3-Konsortiums gestalten etablierte Browserhersteller wie Microsoft, Mozilla oder auch Opera ihre Produkte zunehmend standardkonform. Die Arbeit des Webdesigners wird damit durchaus vereinfacht, da er - so er sich beim Development an diese Standards hält - in immer höherem Maße darauf vertrauen kann, dass sein Endprodukt auf den verschiedenen Browsern tatsächlich ident dargestellt wird. Auf der anderen Seite verzeiht ein Webbrowser durch nachlässige Programmierung hervorgerufene Syntaxfehler weniger, als noch vor einigen Jahren, insbesondere bei Verwendung von gültigen XML-Dokumenten[22,23]. Darüber hinaus bietet die Verwendung von Webstandards aber auch eine Reihe eindeutiger Vorteile, von denen die wesentlichen hier kurz aufgeführt werden sollen.

Features an, die das jeweilige Konkurrenzprodukt nicht bot. Diese Inkompatibilitäten sorgten dafür, dass es gleichsam eine Kunst wurde, Webseiten zu erstellen, die einerseits eine ansprechende Funktionalität und eine überzeugende Oberfläche boten, andererseits aber auf beiden Plattformen fehlerfrei verfügbar waren und (annähernd) identisch aussahen. Letztendlich konnte Netscape mit dem Budget von Microsoft nicht mehr Schritt halten und musste die Segel streichen.

[22] XML - Extensible Markup Language, eine Teilmenge von SGML (Standard Generalized Markup Language)

[23] Ein XML-Dokument wird als *wohlgeformt* bezeichnet, wenn seine Syntax den Anforderungen von XML genügt. Lässt sich das Dokument darüber hinaus noch erfolgreich gegen eine Document Type Definition (DTD) oder ein XML-Schema validieren, so wird es als *gültig* bezeichnet.

Webstandards

- gewährleisten unter Verwendung aktueller Browser ein identisches Layout auf verschiedenen Plattformen[24],
- können bei der Trennung von Struktur und Inhalt in Webseiten unterstützen,
- vereinfachen die Wartung und Erweiterung bestehender Webseiten,
- können die Arbeit des Entwicklers erheblich erleichtern und Entwicklungszeiten verringern
- können den Komfort und die Zugangsmöglichkeiten für Benutzer erhöhen und
- unterstützen ein breites Spektrum von Anwendungen.

Auf dieser Basis erstellte Dokumente haben darüber hinaus den Vorteil, auch für Menschen klar und verständlich lesbar zu sein.

Ein Vorreiter bei der Standardisierung des World Wide Web (WWW) ist zweifelsohne das World Wide Web Consortium (W3C)[25]. Das 1994 von *Tim Berners-Lee* gegründete, aus internationalen Firmen und Organisationen[26] bestehende W3C ist zwar keine zwischenstaatlich anerkannte Organisation, seine - deshalb *Empfehlungen* (engl.: *Recommendations*) genannten - Standards haben jedoch trotzdem ein hohes Gewicht. Im Folgenden soll auf ausgewählte, bedeutende Standards kurz näher eingegangen werden.

2.1 XML / XSL(T)

XML ist eine Auszeichnungssprache[27], die gezielt vom W3C spezifiziert wurde[28], um Informationen über das WWW bereitzustellen. „Das Ziel ist es zu ermöglichen, generisches SGML in der Weise über das Web auszuliefern, zu empfangen und zu verarbeiten, wie es jetzt mit HTML möglich ist. XML wurde entworfen,

---

[24] Zumindest sollte es so sein - der Internet Explorer von Microsoft erfordert auch in der aktuellen
Version 7 hie und da noch eine Sonderbehandlung.
[25] Vgl. http://www.w3.org/.
[26] Eine Mitgliederübersicht ist unter http://www.w3.org/Consortium/Member/List.php3 abrufbar.
[27] Diese Aussage ist etwas umstritten; es finden sich auch Lehrmeinungen, die besagen, XML wäre lediglich eine Metasprache, mit deren Hilfe beliebige andere Auszeichnungssprachen definiert werden können. Für beide Sichtweisen gibt es plausible Begründungen. Zum einen steckt in XML explizit die Bezeichnung „Markup Language", zum anderen muss die eigentliche Sprache für eine XML-Applikation (z.B. XHTML oder Docbook) tatsächlich erst mit den Ausdrucksmitteln von XML festgelegt werden.
[28] Vgl. http://www.w3.org/TR/REC-xml/.

um eine einfache Implementierung und Zusammenarbeit sowohl mit SGML als auch mit HTML zu gewährleisten."[29] Um dieses Ziel zu erreichen, wurde XML unter der Berücksichtigung von 10 Design Goals entworfen[30], die darauf abzielen, möglichst schnell eine klar lesbare, einfach handhabbare und leicht einsetzbare Sprache zur Verfügung zu stellen. Grundsätzlich werden mit XML eigene Elemente definiert, die verwendet werden können, um Dokumenttypen zu definieren, die mit den Möglichkeiten der vordefinierten Elemente in HTML nicht ausreichend beschrieben werden können, z. B.

- Dokumente, die nicht aus typischen Komponenten bestehen (z.b. Absätze, Listen, Tabellen),

- Datenbank-ähnliche Dokumente oder

- Dokumente, die in einer hierarchischen Baumstruktur organisiert werden sollen.[31]

Das Vokabular der verwendeten XML-Sprache kann gegen Document Type Definitions (DTDs) oder XML-Schemas validiert werden, wobei letztere wiederum selbst in der XML-Syntax verfasst werden. Dies schließt u.a. das Erzwingen bestimmter Element-Abfolgen, die Verwendung von Entities und Namespaces oder die Definition eigener, komplexer Datentypen ein.

Zu Präsentationszwecken eigenen sich XML-Dokumente in ihrer Reinform jedoch nur bedingt, da sie die enthaltenen Informationen lediglich in ihrer Struktur beschreiben. Um eine optisch und inhaltlich ansprechende Ausgabe zu erzielen, ist es daher zumeist erforderlich, XML-Dokumente geeignet zu sortieren bzw. zu filtern, umzuformen und zu transformieren. Hierzu können beispielsweise die Extensible Stylesheet Language Transformations (XSLT) verwendet werden. Dabei führt ein XSLT-Prozessor (z.B. Apache Cocoon[32,33]) eine Transformation durch, an der zumindest drei Dokumente beteiligt sind: ein oder mehrere XML-Quelldokumente, ein XSLT-Stylesheet und das Ergebnisdokument, welches sich aus den Anweisungen des Stylesheets und dem (ggf. modifizierten, s.o.) Inhalt des Quelldokumentes ergibt. Das Stylesheet kann beispielsweise HTML-Elemente, aber auch noch zusätzlichen (statischen) Inhalt enthalten[34]. Abb. 2.1 stellt die Transformation schematisch dar.

---

[29] Young, M. J. (2001), S. 25.
[30] Vgl. http://www.w3.org/TR/REC-xml/.
[31] Vgl. Young, M. J. (2001), S. 29.
[32] siehe http://cocoon.apache.org/.
[33] Weiterführende Literatur: Niedermeier, S. (2006).
[34] Vgl. Bongers, F. (2005), S. 27 ff.

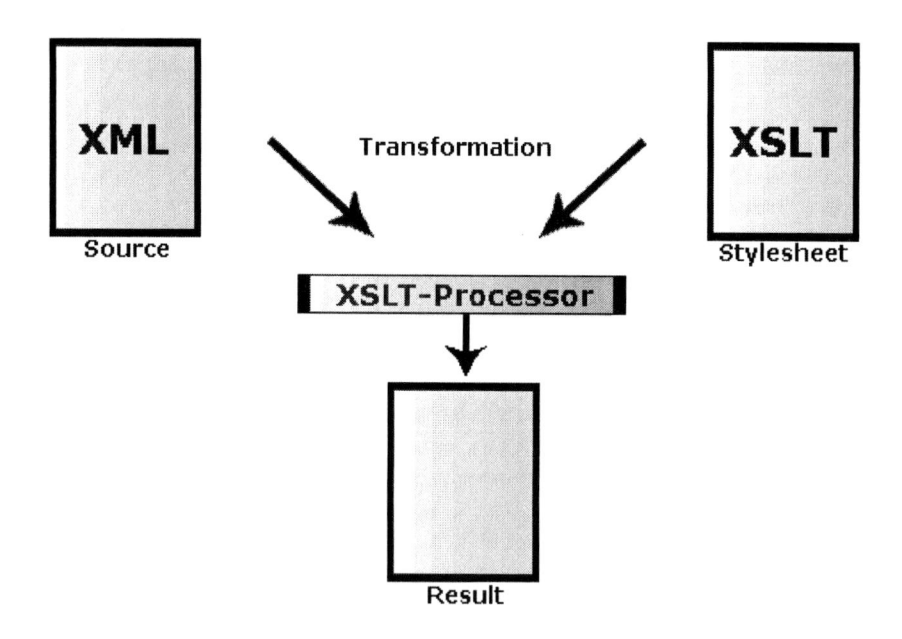

Abb. 1: Schematische Darstellung einer Transformation (Bongers, F. (2005), S. 28)

Über XSL Formatting Objects (XSL-FO) sind auch andere Ausgabeformate, wie z.b. PDF zur Bereitstellung im Netz oder als Druckvorlage denkbar.

2.2 XHTML

Die Extensible Hypertext Markup Language (XHTML) ist eine „Erweiterung der Seitenbeschreibungssprache HTML, so dass sie den XML-Regeln entspricht. Damit wird die Trennung von Inhalt und Layout bei gleichzeitiger voller Kontrolle über die Gestaltung möglich."[35] XHTML 1.0[36] Transitional ist dabei zur letzten HTML-Version 4.01 kompatibel. Für XHTML 1.0 Strict und die noch in der Entwicklung befindliche Version 2.0 ist dies nicht mehr gegeben. Die Notation ist aber grundsätzlich restriktiver geworden. Dies ergibt sich aus den strengeren syntaktischen Anforderungen von XML im Vergleich zur SGML, aus der HTML abgeleitet wurde. (X)HTML ist nach wie vor das Grundgerüst zur Erstellung von Oberflächen in Webapplikationen. Allerdings ist zu berücksichtigen, dass z.B. Java Server Pages (JSP) nicht mehr in reinem XHTML geschrieben werden kön-

---

[35] Jacobsen, J. (2005), S. 412.
[36] XHTML liegt ebenfalls als W3C-Recommendation vor. Vgl. http://www.w3.org/TR/xhtml1/.

nen, da sie das existierende Markup um eigene Elemente bereichern und somit keine Validierung mehr gegen die XHTML-DTD vorgenommen werden kann.

Zur Trennung von Layout und Struktur enthält ein XHTML-Dokument vorzugsweise nur noch die Elemente und ihre Inhalte (und ggf. JavaScript-, PHP-Code, o.Ä. zur Dynamisierung von Inhalten). Die Formatierung der Ausgabe wird im Allgemeinen über Cascading Stylesheets (CSS, s.u.) vorgenommen und nicht mehr über <p> - Elemente oder komplex verschachtelte Tabellenlayouts.

2.3 CSS

Cascading Stylesheets (CSS) sind ein erstmals 1994 vorgeschlagenes Konzept zur Trennung von Inhalt und Präsentation auf Webseiten[37]. Schon 1998 lag die Recommendation zu CSS 2 vom W3C vor, es dauerte jedoch noch einige Jahre, bis alle namhaften Browserhersteller die entsprechenden Spezifikationen in ihren Browsern implementiert hatten.[38] Die Notwendigkeit zur flächendeckenden Verbreitung von CSS ergab sich seit etwa der Jahrtausendwende vor allem aus der Tatsache, dass präzise Layouts in HTML ursprünglich nicht vorgesehen und damit nur schwer und auf Umwegen realisierbar waren. Das Ergebnis war ein mit steigenden Anforderungen an Inhalt und Aussehen von Webseiten immer schwieriger wartbarer Cluster aus verschachtelten Tabellen, die zur Schaffung bestimmter Layouts missbraucht wurden. Dabei sind Tabellen als Gestaltungsmittel aus mehreren Gründen denkbar ungeeignet:

- Sie führen zu unnötig langen Ladezeiten.

- Sie verführen zum Einsatz von uneffizienten Blind- bzw. Leergrafiken zur Gestaltung, die den Seitenaufbau verzögern, da Webbrowser Tabellen als ganze Einheit vom Server laden und die Inhalte erst darstellen, wenn die gesamte Tabelle auf dem Client verfügbar ist.

- Die Wartung und Erweiterung von Seiten mit Tabellenlayouts ist hochgradig problematisch, da schon geringe Änderungen im Quellcode das gesamte Seitenlayout zerstören können.[39]

- Eine einheitliche Darstellung auf verschiedenen Plattformen kann nicht gewährleistet werden.

- Tabellenlayouts führen zu einer drastischen Beschränkung der Accessibility einer Seite (s.u.).

---

[37] Wiederum liegt dieses Konzept als W3-Recommendation vor. Vgl. http://www.w3.org/TR/REC-CSS2/.
[38] Zumindest theoretisch; der Internet Explorer von Microsoft interpretiert einzelne Bestandteile auch in der aktuellen Version 7 immer noch anders...
[39] Vgl. Shafer, D. / Yank, K. (2004), S. 5 ff.

All diese und andere Probleme lassen sich durch den Einsatz von CSS umgehen. Dabei haben Cascading Stylesheets im direkten Vergleich mit XSLT-Stylesheets (s.o.) noch weitere Vorteile: Sie sind leichter zu handhaben, was hauptsächlich am geringeren Sprachumfang und damit einer geringeren Komplexität liegt. Darüber hinaus unterstützen aktuelle Browser CSS bis einschließlich Version 2, es wird also im Gegensatz zu XSLT auch kein separater Transformationsprozessor benötigt.

Zwar lassen sich CSS-Formatierungsanweisungen direkt in ein XHTML-Quelldokument integrieren, dies widerspricht aber dem Designziel einer Trennung von Inhalt und Layout. Im Normalfall sollten die Anweisungen deshalb in einem externen Stylesheet enthalten sein, welches im Quelldokument referenziert wird. Die Formatierungsanweisungen im Stylesheet werden dann mit dem Quelldokument verknüpft, indem sie an einzelne Elemente gebunden werden. Diese Bindung kann über IDs erfolgen, mit denen die XHTML-Elemente eindeutig identifizierbar sind, oder über Klassenbezeichner, falls bestimmte Formatierungen auf mehrere Elemente gleichermaßen angewandt werden sollen. Da die Klassifikation in diesem Fall ausschließlich zu Layoutzwecken genutzt wird, können Elemente in einer Klasse zusammengefasst werden, die in ihrer Art und ihrem Anwendungsgebiet eigentlich grundverschieden sind. Mittels der Kaskadierung ist es innerhalb eines oder mehrerer Stylesheets möglich, Formatierungsanweisungen zu überschreiben. Auf ein Element oder eine Klasse wird immer genau die Formatierung angewandt, die als letzte spezifiziert wurde. So ist es beispielsweise möglich, in einem Stylesheet eine grundlegende Formatierung im Hinblick auf Schriftart, -größe und -farbe vorzugeben, die in einem weiteren Stylesheet dann für einzelne Elemente bei Bedarf detailliert individualisiert werden kann.

Zur Positionierung von Elementen wird in CSS ein enorm flexibles Boxmodell verwendet. „Das Boxmodell ist einer der Grundpfeiler von CSS und schreibt vor, wie Elemente dargestellt werden und - bis zu einem gewissen Grad - wie sie sich gegenseitig beeinflussen. Jedes Seitenelement wird als rechteckiger Container (oder ‚Box') betrachtet, der die folgenden Bestandteile umfasst: Elementinhalt (Text, Grafik), Innenabstand (`padding`), Rahmen (`border`) und Rand bzw. Außenabstand (`margin`)."[40] Abb. 2.2 stellt das Boxmodell schematisch dar. Innerhalb dieses Boxmodells können nun Blockelemente mit verschiedenen Verfahren flexibel positioniert werden, um mehrspaltige oder wie auch immer geartete Layouts zu konstruieren. Unterschieden wird dabei zwischen

- Relativer Positionierung (innerhalb des normalen Dokumentflusses; das Element nimmt immer seinen ursprünglichen Raum ein, auch wenn es verschoben wird - es kann daher zu Überlappungen mit anderen Boxen kommen),

- Absoluter Positionierung (das Element wird aus dem normalen Dokumentfluss herausgelöst und ist für relativ positionierte Elemente nicht mehr existent) und

---

[40] Budd, A. / Moll, C. / Collison, S. (2007), S. 32

- Schwimmender Positionierung (sog. *Floating*; das Element befindet sich ebenfalls nicht im normalen Dokumentfluss, wird aber automatisch an anderen Float-Boxen oder am Elternelement ausgerichtet und behält diese Ausrichtung auch bei Layoutänderungen bei).[41,42]

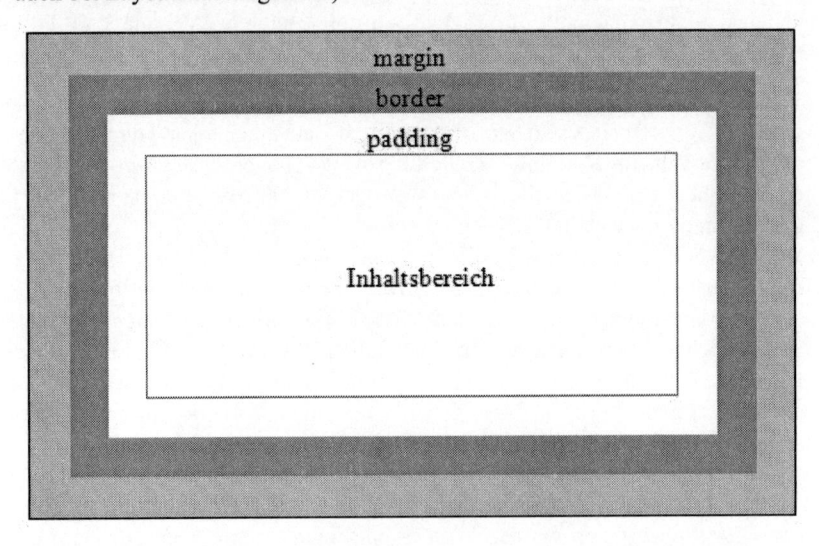

Abb. 2: Schematische Darstellung des CSS-Boxmodells (Budd, A. / Moll, C. / Collison, S. (2007), S. 32)

Grundsätzlich lässt sich daher mit den gegebenen Möglichkeiten jedes in reinem (X)HTML erstellte Seitendesign in ein auf CSS basierendes Layout umwandeln, ohne dass dem Betrachter mit bloßem Auge ein Unterschied auffällt.[43] Das CSS-Layout reduziert dafür in nahezu allen Fällen den Umfang des Quellcodes und damit die Ladezeiten, ist schneller zu implementieren und zu warten und vereinfacht Updates und Änderungen an bestehenden Webseiten. Schlussendlich lassen sich komplette Neugestaltungen von Layouts inklusive einer geänderten Abfolge der Elementinhalte in der Darstellung durchführen, ohne das Quelldokument überhaupt verwenden zu müssen.[44]

---

[41] Der Internet Explorer bis einschließlich Version 6 enthält diesbezüglich mehrere bekannte Bugs und unterstützt die Positionierungsmodelle in manchen Fällen nur sehr unzureichend.
[42] Vgl. Budd, A. / Moll, C. / Collison, S. (2007), S. 39 ff.
[43] Vgl. hierzu u.a. Meyer, E. (2005), S. 2 ff. und S. 225 ff.
[44] Ein sehr gelungenes Beispiel hierfür stellt der 2003 von Dave Shea ins Leben gerufene CSS-Zen-Garden dar: Webdesigner aus aller Welt schaffen CSS-basierte Layouts für eine vorgegebene HTML-Datei, deren Inhalt nicht modifiziert werden kann. Derzeit liegen auf http://www.csszengarden.com/ über 1200 Designs vor. Vgl. hierzu auch Shea, D. / Holzschlag, M. E. (2005), S. 54 ff.

2.4 AJAX

Hinter dem erstmals 2005 in einem Aufsatz von Jesse James Garrett verwendeten Begriff AJAX (Asynchronous JavaScript And XML) verbirgt sich ein Konzept, welches wesentlichen Anteil an der Durchsetzung so genannter Web 2.0 – Anwendungen hat. Die Grundidee ist es, zwischen Client und Server einen bidirektionalen Datenaustausch vorzunehmen, ohne dass eine auf XHTML/CSS basierende Website hierzu einem kompletten Reload unterzogen werden muss. Die versendeten oder nachgeladenen Daten können vielmehr punktuell bestimmten Seitenbereichen zugewiesen werden, ohne dass die restliche Seite in Form eines vollständigen Antwortdokumentes erneut vom Server angefordert werden muss. Der klare Vorteil zur bisherigen Kommunikation liegt in der Reduzierung von Latenzzeiten, da die Kommunikation mit dem Webserver auf das Nötigste beschränkt werden kann. Webanwendungen sollen in ihrem Verhalten auf diesem Wege näher an Desktopapplikationen heranrücken, indem ihre Geschwindigkeitsnachteile reduziert werden. Die grundsätzliche Funktionsweise von Ajax wird in Abb. 3 dargestellt.

Unabdingbar für den Einsatz von AJAX in einer Webanwendung sind gewisse technische Voraussetzungen, die in dieser Form erst seit etwa zwei bis drei Jahren gegeben sind. So müssen die verwendeten Browser die XMLHttpRequest-Programmierschnittstelle (Application Programming Interface, kurz API) unterstützen[45], um eine asynchrone Nachforderung von Daten möglich zu machen. Dieser Ansatz ist grundsätzlich nicht neu, sondern wurde von Microsoft bereits seit 1998 in verschiedenen Produkten (z.B. Exchange Server) integriert. Es handelte sich dabei allerdings immer um „[…] isolierte Anwendungen, die sich aber nicht flächendeckend durchsetzen konnten."[46] Erst in den letzten Jahren haben auch andere Browserhersteller entschieden, diese API in ihren Produkten zu implementieren.

---

[45] Das XMLHttpRequest-Objekt stellt diese Programmierschnittstelle innerhalb von JavaScript in Form eines Objektes zur Verfügung. Im Internet Explorer der Firma Microsoft wird die API bis einschließlich Version 6 unter dem Namen XMLHTTP als ActiveX-Komponente implementiert, was trotz diverser Updates ein nicht unerhebliches Sicherheitsrisiko darstellt. Erst mit der 2006 veröffentlichten Version 7 hat auch Microsoft die ActiveX-Komponente durch das nativ implementierte XMLHttpRequest ersetzt.

[46] Steyer, R. (2006), S. 33.

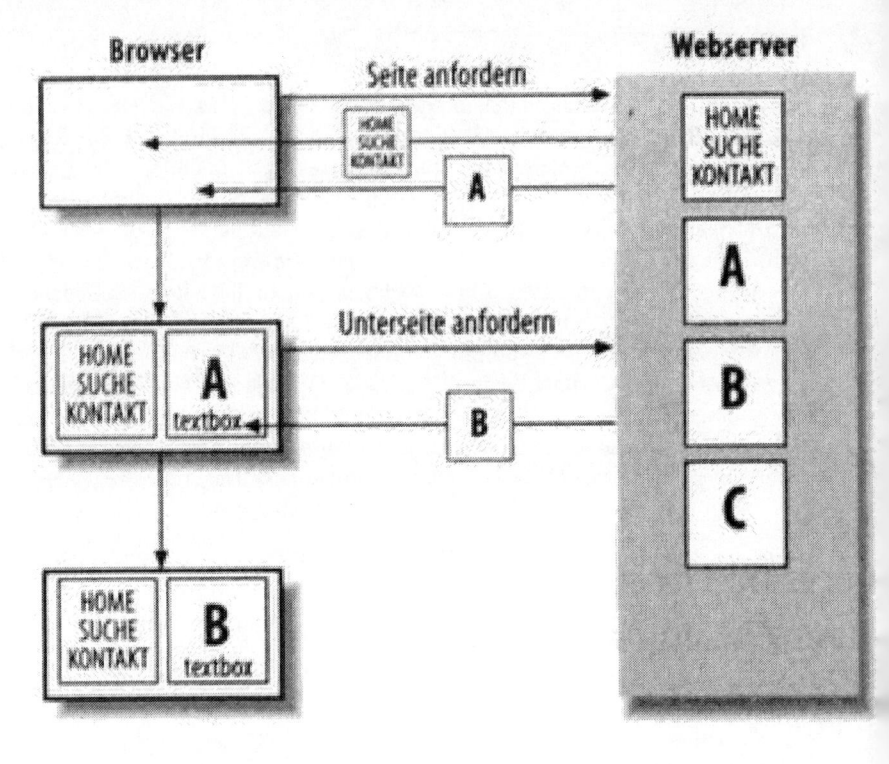

Abb. 3: Die grundsätzliche Funktionsweise von AJAX (Carl, D. (2006), S. 4)

Grundsätzlich kann das XMLHttpRequest-Objekt auf reinen Textdaten operieren. Liegen die zu übertragenden Daten jedoch im XML-Format vor, so bietet das Objekt Methoden und Eigenschaften an, die verwendet werden können, um auf komplex strukturierte XML-Dokumente komfortabel zugreifen zu können. Dazu wird das Document Object Model[47] (DOM) verwendet, welches alle Elemente eines XML-Dokumentes in einer Baumstruktur repräsentiert, die wiederum die Hierarchie des Markups darstellt.[48] Mit den Methoden des XMLHttpRequest-Objektes ist es nun möglich, über Referenzen auf beliebige Elemente lesend oder

---

[47] Auch das DOM ist eine Empfehlung des W3C.
[48] Allerdings ist das DOM-API des W3C nicht unumstritten. Da die Vorgaben des W3C sehr allgemein und programmiersprachenunabhängig gehalten sind, ist ein wesentlicher Kritikpunkt, dass das DOM-API weder als besonders performant, noch als anwenderfreundlich bezeichnet werden kann. Insbesondere für die Entwicklung von Webapplikationen auf Basis von Java und XML gibt es daher neben der Java API for XML Programming (JAXP) noch eine Reihe weiterer, von der W3C-Recommendation losgelöster DOM-Implementierungen. Vgl. hierzu auch Niedermeier, S. / Scholz, M. (2006), S. 161 ff. und S. 603 ff. sowie Ullenboom, C. (2006), S. 805 ff.

schreibend zuzugreifen und entsprechend die Elementinhalte zu modifizieren, ohne dass die umgebende Website in diesen Prozess mit eingebunden werden muss.[49] Typische AJAX-Vertreter sind z.b. die Suchmaschine Google Suggest[50] oder Widget-Anwendungen, wie das oftmals auch als Online-Desktop bezeichnete Netvibes-Dashboard[51].

Grundsätzlich ist AJAX ein sehr mächtiges Konzept mit vielfältigen Anwendungsmöglichkeiten. Dessen ungeachtet gibt es jedoch auch eine Reihe von Nachteilen und Problemen bei der Verwendung von AJAX, die vor der Implementierung (mit Blick auf die Zielgruppe der Anwendung) bedacht werden sollten.[52]

- Hat ein Benutzer in seinem Browser JavaScript deaktiviert (z.b. aus Sicherheitsgründen), so steht die gesamte Anwendung nicht mehr zur Verfügung. Neben dem damit einhergehenden technischen Problem kann dies zusätzlich noch zu einem für den Benutzer völlig inakzeptablen Seitenlayout führen, wenn bestimmte Seiteninhalte gar nicht oder unvollständig geladen werden. Einer solchen Situation kann durch das Angebot eines Fallbacks[53] begegnet werden, diese Lösung ist allerdings sehr aufwändig.

- Nutzer des Internet Explorers bis einschließlich Version 6 (die derzeit noch extrem verbreitet sein dürfte), haben auf Grund berechtigter Sicherheitsbedenken oftmals die ActiveX-Engine deaktiviert. Auch unter dieser Voraussetzung können AJAX-Applikationen nicht realisiert werden.

- Die Funktion des browserspezifischen „Back"-Buttons wird durch per AJAX geladene und dynamisch veränderte Inhalte ausgehebelt. Gleiches gilt für Bookmarks, da sich ein URL nicht ändert, wenn innerhalb der Seite Elementinhalte ersetzt werden.

- Inhalte, die über JavaScript dynamisch in eine Website geladen wurden, werden von allen gängigen Suchmaschinen ignoriert.[54]

Im Grunde genommen ist das oftmals nur als Schlagwort verwendete AJAX kein Standard im klassischen Sinne, nicht zuletzt, weil keine Spezifikation oder Empfehlung eines anerkannten Gremiums vorliegt. Das Konzept hat sich allerdings auch so enorm schnell etabliert, ist aus aktuellen Webanwendungen und Web Services nicht mehr wegzudenken und hat deren Funktionalität in kurzer Zeit stark erweitert. Deshalb ließe sich AJAX wohl am ehesten als De-Facto-Standard beschreiben. Vor dem Hintergrund der bereits angesprochenen Nachteile muss das

---

[49] Vgl. hierzu Carl, D. (2006), S. 25 ff.
[50] http://www.google.com/webhp?complete=1&hl=en
[51] http://www.netvibes.com/
[52] Vgl. Carl, D. (2006), S. 35 ff.
[53] Ein Fallback bezeichnet ein Alternativangebot, welches zur Verfügung gestellt wird, wenn AJAX nicht ausgeführt werden kann.
[54] Vgl. Fischer, M. (2006), S. 82 f. sowie S. 210 f.

AJAX-Konzept jedoch auch im Kontext der Barrierefreiheit nochmals genau betrachtet werden.

2.5 RSS / ATOM

Really Simple Syndication (RSS)[55] und das Atom Syndication Format (ATOM)[56] sind XML-Standards. Sie beschreiben elektronische Nachrichtenformate zum plattformunabhängigen Nachrichtenaustausch. Dabei ist insbesondere RSS kein unproblematisches Format. Verschiedene Versionen von RSS wurden von verschiedenen, unabhängigen Entwicklergruppen (Version 1.0 auch mit Unterstützung durch das W3C) entwickelt; teilweise existieren inoffizielle Weiterentwicklungen zu einzelnen Versionen; die erste Version (0.90) basierte auf dem Resource Description Framework (RDF), 0.91 und 0.92 nicht mehr, 0.93 und 0.94 kamen über das Entwurfsstadium nicht hinaus, Version 1.0 basierte wieder auf dem RDF, Version 2.0 wiederum nicht - und Version 2.0 ist - entgegen den Aussagen der UserLand-Entwicklergruppe - mit RSS 0.90 nicht mehr vollständig kompatibel. Sogar die Abkürzung RSS hatte bereits mehrere Bedeutungen.[57,58] Ingesamt hat RSS zwar eine hohe Verbreitung gefunden, die Entwicklung lief bislang jedoch ausgesprochen unkoordiniert ab.

Über RSS-Feeds bereitgestellte Inhalte werden automatisch auf den Rechner des jeweiligen Abonnenten übertragen. Sie können zusätzlich auch in Webapplikationen (z. B. Mail-Clients) bereitgestellt werden. Neben Text sind auch Audio- und Videodaten als Inhalte möglich. An diesem Punkt setzt ATOM an. Als wesentlicher Unterschied zu RSS muss in inhaltstragenden Elementen bei Verwendung von ATOM über ein Attribut explizit in maschinenlesbarer Form angegeben werden, um welche Inhaltsform es sich jeweils handelt. Dennoch hat sich ATOM bislang gegenüber RSS noch nicht flächendeckend durchsetzen können.

2.6 RDF

Das Resource Description Framework (RDF) ist eine vom W3C entwickelte und standardisierte formale Sprache[59], die dazu verwendet wird, Webinhalte um maschinenlesbare Metadaten zu ergänzen. Das RDF ist damit einer der Eckpfeiler der

---

[55] Aktuell standardisiert von UserLand; vgl. http://www.rssboard.org/rss-specification.
[56] Standard der ATOM Enabled Alliance; vgl. http://www.atompub.org/.
[57] RSS steht bzw. stand für Rich Site Summary (Version 0.9x), RDF Site Summary (Version 1.0) und Really Simple Syndication (Version 2.0)
[58] Vgl. http://de.wikipedia.org/wiki/Rss.
[59] Vgl. http://www.w3.org/RDF/.

Semantic Web - Initiative.[60] Es arbeitet mit sog. *Statements*, mit denen sich Aussagen über beliebige Ressourcen machen lassen. Ein Statement ist immer ein Tripel, bestehend aus

- einem Subjekt,
- einem Prädikat, das eine Aussage zu einem Subjekt macht und
- einem Objekt, dies ist der Wert des Prädikates und kann seinerseits sowohl ein einfaches Literal, als auch wiederum eine weitere Resource sein, die über einen Uniform Resource Identifier (URI) eindeutig identifiziert wird.

Prädikate und Objekte können ihrerseits wieder Subjekte in weiteren Statements sein. Auch Reifikationen sind möglich, d.h. ein komplettes Statement bildet das Subjekt eines anderen Statements. Ein RDF-Dokument ist somit eine Sammlung aus miteinander verlinkten Statements.

Die Abbildung von RDF-Statements kann über einen beschrifteten und gerichteten so genannten RDF-Graphen erfolgen, für den mit der vom W3C entwickelten SPARQL Protocol And RDF Query Language[61] (SPARQL) auch eine Anfragesprache vorliegt. Darüber hinaus existieren aber auch zwei Implementierungen für RDF: zum einen die Notation 3[62] (N3) von Tim Berners-Lee und zum anderen eine (gebräuchlichere) Syntax auf Basis von XML[63], in der RDF-Graphen über Elemente mit Inhalten und Attribute mit Attributwerten serialisiert werden.

2.7 „Kugelsichere" Designs

Allein die Tatsache, dass Webstandards existieren und eine Reihe von Vorteilen bieten, führt noch nicht zwangsläufig zu besseren Webseiten. Statistiken zufolge werden auf über 95% (in manchen Quellen über 99%) aller existierenden Webseiten Standards wie die oben beschriebenen nicht oder nur unzulänglich bzw. fehlerhaft eingesetzt.[64] Aber auch der konsequente und spezifikationsgemäße Einsatz von Webstandards muss nicht unbedingt zu einer Verbesserung der Qualität füh-

---

[60] Das Semantic Web ist ein von Tim Berners-Lee erdachtes Konzept, um Webinhalte mit maschinenlesbaren Metadaten anzureichern, welche die Semantik der Inhalte näher beschreiben sollen. Die Zielstellung ist es, Anfragen auf Grund der Bedeutung ihres Inhaltes und nicht - wie bislang - auf Grund ihrer Schreibweise bearbeiten zu können. Erste Beispiele hierfür sind u.a. das Friend Of A Friend (FOAF) - und das Description Of A Career (DOAC) - Projekt. Siehe hierzu http://www.foaf-project.org/ bzw. http://ramonantonio.net/doac/. Auch die Europäische Union hat unter dem Namen SemanticGov ein Projekt initiiert, um die EU-weite Zusammenarbeit zwischen Behörden zu vereinfachen. Siehe hierzu http://www.semantic-gov.org/.
[61] Vgl. http://www.w3.org/TR/rdf-sparql-query/.
[62] Vgl. http://www.w3.org/DesignIssues/Notation3.html.
[63] Vgl. http://www.w3.org/TR/rdf-syntax-grammar/.
[64] Vgl. Zeldman, J. (2006), S. 23 ff.

ren. Zwar kann auf der Entwicklerseite von den angesprochenen Vorteilen profitiert werden, auf der Benutzerseite reicht die reine Standardkonformität jedoch nicht immer aus. Hier sind zusätzliche Überlegungen zur *Accessibility* einer Website anzustellen, um zu verhindern, dass Benutzer beim Versuch, eine Weboberfläche an die eigenen Bedürfnisse anzupassen oder bei anderweitigen unvorhergesehenen Aktionen das Layout über seine Flexibilitätsgrenze hinaus belasten.[65] Dies soll kurz an einem sehr einfachen Beispiel mit CSS verdeutlicht werden.

Ein sehr beliebtes Gestaltungsmittel bei Verwendung von CSS ist es, die eigentlich rechteckigen Boxen aus dem Boxmodell mit abgerundeten Ecken zu versehen. Dies wird über Hintergrundgrafiken ermöglicht, die in vielen Fällen zur visuellen Auflockerung auch noch einen dezenten Farbverlauf erhalten. Der optische Effekt ist sehr ansprechend (Abb. 3) und die benötigten CSS-Anweisungen bleiben überschaubar.[66]

Die Hintergrundgrafik ist Bestandteil des Layouts und wird somit nicht im Quelldokument, sondern im Stylesheet eingebunden. Die Anweisung umfasst lediglich eine Zeile (auf weitere Formatierungen wird aus Gründen der Übersichtlichkeit verzichtet):

```
h2
{
    background:url('h2_back.gif') no-repeat top left;
}
```

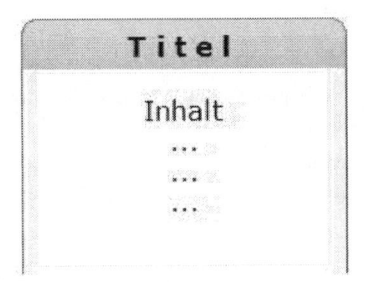

Abb. 4: CSS-formatierte Box mit abgerundeten Ecken

---

[65] *Dan Cederholm* hat für solcherart strapazierfähige Layouts den Begriff des „Bulletproof Webdesign" eingeführt - daher auch die Überschrift.

[66] Das Beispiel ist auf die Anpassung des Tags <h2> für den Titel der Box fixiert. Prinzipiell gelten die Ausführungen natürlich auch für die Unterkante einer solchen Box, die ggf. separat behandelt werden muss.

Im Normalfall wird es mit dieser - in allen Belangen standardkonformen - Lösung keine Probleme geben. Wenn sich ein Benutzer jedoch (z.B. auf Grund einer Sehschwäche) dazu entschließt, die Schriftgröße im Browser manuell zu verändern, kann die Hintergrundgrafik sich ab einem bestimmten Grad nicht mehr ausreichend anpassen. Das Layout wird je nach Anwendungsfall gravierend beeinträchtigt (Abb. 5).

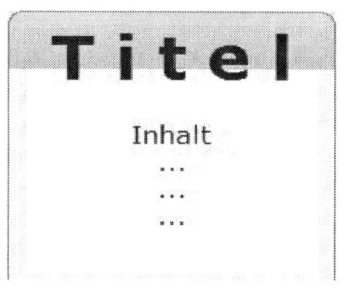

Abb. 5: Box mit manuell veränderter Schriftgröße

Innerhalb gewisser Grenzen lässt sich einem solchen Problem begegnen, indem die Grafik entsprechend größer gewählt und der jeweils nicht benötigte Teil hinter der Inhaltsfläche versteckt wird. Größere Grafiken benötigen jedoch auch mehr Webspace und längere Ladezeiten. Darüber hinaus stößt diese Lösung spätestens dann an Grenzen, wenn die Überschrift durch inhaltsbedingte Änderungen erweitert oder gar auf mehrere Zeilen ausgedehnt werden muss. Abgesehen vom Imageschaden, der durch einen solchen Fehler gegenüber dem Benutzer entsteht, geht damit auch ein wesentlicher Vorteil der Verwendung des CSS-Standards verloren: Die schnelle bzw. sogar automatische Anpassung des Layouts an geänderte Inhalte ist nicht mehr gegeben.

Mit einer „kugelsicheren" Lösung nach *Dan Cederholm* lässt sich dieses Problem beheben.[67] Zunächst wird die Box mit CSS rechteckig gestaltet, mit zu den ursprünglichen Grafiken passenden Füllfarben ausgestaltet und mit einem entsprechenden Rahmen versehen. Dazu werden nur noch zwei winzige Grafiken benötigt. Diese enthalten ausschließlich die beiden Rundungen und werden links bzw. rechts oben im <h2>-Teil der Box fixiert, um die Ecken des CSS-Modells zu überlagern. Gegebenenfalls kann noch eine weitere kleine rechteckige Grafik verwendet werden, die den Farbverlauf erhält und mit der CSS-Anweisung `repeat-x` über die Breite der Box beliebig oft wiederholt werden kann. In gleicher Weise kann natürlich auch mit der Unterkante der Box verfahren werden. Das Ergebnis ist eine Box, die mit deutlich weniger Speicherplatz und somit kürzeren Ladezeiten auskommt, dabei aber beliebige inhaltliche Erweiterungen einer-

---

[67] Vgl. Cederholm, D. (2006), S. 126 ff.

seits und Anpassungen durch den Benutzer andererseits verwalten kann, ohne beschädigt zu werden.

Dieses einfache Beispiel steht stellvertretend für eine ganze Reihe von Weboberflächen, die - trotz konsequent standardkonformer Gestaltung - unter bestimmten Bedingungen nicht wie erwartet funktionieren (müssen). Neben ausführlichen Tests auf z.T. immer noch nicht standardkonformen Browsern ist zur Vermeidung solcher Situationen bei der Entwicklung insbesondere auf die Accessibility zu achten: Ist die Webseite bzw. die Webanwendung weitgehend frei von Barrieren für verschiedene Benutzergruppen? Wie verhält sie sich, wenn (behinderte) Benutzer Anpassungen vornehmen oder andere Ausgabegeräte als den Bildschirm verwenden? Mit diesen Fragestellungen beschäftigt sich das folgende Kapitel zur Barrierefreiheit.

3 Barrierefreiheit

„Für die meisten Menschen ist das Internet mittlerweile zur Selbstverständlichkeit geworden. Informationen aus aller Welt stehen zum Abruf bereit. [...] Von dieser Entwicklung profitieren jedoch nicht alle. Gerade Menschen, denen durch irgendeine körperliche oder geistige Behinderung die volle Teilnahme am gesellschaftlichen Leben erschwert ist, könnten von der Kommunikationstechnik enorm profitieren. Doch sie scheitern oft an Barrieren, die ihnen den Zugang zu Informationen oder die Nutzung von Angeboten erschweren oder ganz unmöglich machen. [...] Barrierefreies Webdesign zielt dementsprechend darauf ab, Inhalte und Interaktionen im Netz für (möglichst) alle Nutzergruppen und Endgeräte zugänglich zu machen."[68]

Das Streben nach einer möglichst hohen Accessibility ist nicht neu. Aber erst in den vergangenen Jahren ist es - insbesondere durch das Aufkommen und die zunehmende Verbreitung der Webstandards - möglich geworden, diesen Anforderungen Rechnung zu tragen und Barrierefreiheit technisch zufriedenstellend umzusetzen, was wiederum dazu geführt hat, dass diese Problematik mehr und mehr in den Vordergrund rückt. Die Umsetzung der Barrierefreiheit ist bei der Entwicklung bzw. Anpassung von Webseiten zwar im Normalfall mit einem höheren Aufwand verbunden, die Notwendigkeit hierfür liegt jedoch auf der Hand: Statistiken zufolge haben alleine in Deutschland etwa 8 % der Internetbenutzer eine (oder mehrere) physische Einschränkung(en), die ihnen die Nutzung von Webservices oder anderen Online-Angeboten erschweren. Diese Einschränkungen können vielfältiger Natur sein. Sie reichen von leichten Sehbehinderungen bis zur Blindheit, beinhalten aber auch kognitive Behinderungen, Gehörschäden, welche die Auf-

---

[68] Radtke, A. / Charlier, M. (2006), S. 1.

nahme akustischer Inhalte erschweren oder unmöglich machen, Krankheiten wie etwa Epilepsie oder Probleme mit Eingabegeräten. So ist z.b. nicht jeder Nutzer in der Lage, eine Maus oder eine Tastatur zu bedienen, einem anderen kann es wiederum Schwierigkeiten bereiten, grelle Farben zu erfassen. Zusätzlich können weitere Hürden den Zugriff erschweren, die sich grob in folgende Kategorien unterteilen lassen:

- ortsgebundene Hürden - beispielsweise langsame Netzanbindungen, ungünstige Lichtverhältnisse oder ein verordneter Verzicht auf Ton,

- Verständnisprobleme - hierzu gehören fehlende Mehrsprachigkeit (inkl. eines Zusatzangebotes in Gebärdensprache) und mangelnde Alternativbeschreibungen in Text und/oder Ton, aber auch undurchsichtige oder ungewohnte Navigationen und nicht ausreichend verständlich aufbereitete Textinhalte[69], sowie

- technische Hürden - diese sind bedingt durch unterschiedlich stark ausgeprägte Standardkonformität bei Webbrowsern, die Verwendung nicht oder nur schwer erhältlicher zusätzlicher Plugins und die fehlende Anpassung von Inhalten an verschiedene Endgeräte, wie z. B. Mobiltelefone, PDAs und assistive Techniken (Screenreader bzw. Braillezeile).[70]

Der Begriff der Barrierefreiheit umfasst also die Beseitigung einer Vielzahl möglicher Beeinträchtigungen beim Zugriff auf Inhalt und Layout einer Weboberfläche. Bei allen Bemühungen zur Verbesserung der Accessibility kann jedoch davon ausgegangen werden, dass eine 100%ige Umsetzung nicht gelingen wird, da einige Anforderungen, etwa zur farblichen Gestaltung, auch miteinander in Widerspruch stehen können.[71] Grundsätzlich gilt daher, dass jeder Schritt zur Vermeidung von Barrieren wertvoll ist, auch wenn in Summe nicht alle Vorgaben umgesetzt werden können. Ausnahmen bilden jene Organisationen, in denen Barrierefreiheit gesetzlich vorgeschrieben ist. Dies betrifft hauptsächlich Einrichtungen und Körperschaften des öffentlichen Rechts (gleichermaßen in Bund und Ländern).[72] In Deutschland sind die hierzu erforderlichen Maßnahmen - zumindest auf Bundesebene - in der „Barrierefreien Informationstechnik - Verordnung" (BITV) geregelt.[73] Für die Länder gelten eigene Gleichstellungsregelungen, die sich jedoch in weiten Teilen an der BITV orientieren. Ursprung für die BITV und ähnliche Ver-

---

[69] Insbesondere die Online-Angebote von Behörden können erheblich darunter leiden.
[70] Vgl. Radtke, A. / Charlier, M. (2006), S. 2.
[71] Beispielsweise können Menschen mit Fehlsichtigkeiten die Elemente einer Weboberfläche nur durch starke Kontraste voneinander trennen - bei anderen Personen kann dies wiederum eine Überreizung hervorrufen und den Inhalt schwer lesbar machen.
[72] Es gibt Bestrebungen, in naher Zukunft auch verbindliche Regelungen für Unternehmen und ggf. private Einrichtungen durchzusetzen.
[73] Vgl. http://www.gesetze-im-internet.de/bitv/index.html.

ordnungen sind die 1999 vom W3C standardisierten Web Content Accessibility Guidelines (WCAG) 1.0[74] der Web Accessibility Initiative (WAI)[75].

Eine Grundvoraussetzung für die Erstellung möglichst barrierearmer Seiten ist einmal mehr das Einhalten von Webstandards, hier natürlich insbesondere XHTML und CSS. Entgegen landläufig verbreiteter Meinungen muss damit keine Einschränkung im Seitendesign einhergehen. Die konkreten Maßnahmen sind äußerst vielfältig und wesentlich von den zu verbreitenden Inhalten und der Zielgruppe abhängig. An dieser Stelle sollen daher nur einige ausgewählte allgemeine Richtlinien angeführt werden.

- Strukturierung: Ein erster, bedeutender Schritt ist es, die in XHTML verfügbaren Elemente ausschließlich auf Grund ihrer semantischen Bedeutung einzusetzen. Beispielsweise sollten Überschriften immer hierarchisch durch die Tags <h1> bis <h6> abgebildet werden. So können assistive Techniken, wie z. B. Screenreader, erkennen, welche Bedeutung der jeweilige Inhalt im Gesamtkontext hat und den Benutzer entsprechend informieren. Tabellen sollten nicht zur Positionierung dienen, sondern ausschließlich dann verwendet werden, wenn der darzustellende Inhalt von seinem Charakter her ein Tabellenlayout bedingt (z. B. ein Finanzbericht o.ä.). Zusätzlich ist auf die Anordnungsreihenfolge der Seiteninhalte im Quelldokument zu achten. Unabhängig von der Positionierung von Elementen auf einer Webseite geben Screenreader und auch Braillezeilen den Inhalt immer in jener Abfolge wieder, in der er auch im Quelldokument spezifiziert ist. Für den Benutzer ist es entsprechend mit Zeitaufwand und Frustration verbunden, wenn ihm auf jeder Webseite zunächst die kompletten Menüs, Statuszeilen, Grafiktexte u.a. dargeboten werden, bevor der eigentliche Inhalt erfasst werden kann.

- Besondere Auszeichnungen: Akronyme, Abkürzungen und Sprachwechsel müssen im Quelldokument durch <acronym>, xml:lang und ähnliche Markierungen kenntlich gemacht werden. So kann gewährleistet werden, dass beim Zugriff mittels assistiver Techniken Inhalte korrekt vorgelesen bzw. interpretiert werden können. Auch Bilder müssen - so es sich nicht um grafische Elemente handelt, die einzig dem Seitenlayout dienen (wie etwa Grafiken für Menüleisten) - über entsprechende <alt>-Texte oder sogar aus externen Dokumenten eingebundene <longdesc>-Beschreibungen gekennzeichnet und erläutert werden. Enthält eine Abbildung keine inhaltsrelevante Information, so kann sie ggf. als Hintergrundgrafik im Stylesheet deklariert werden und ist für Hilfsgeräte damit nicht mehr sichtbar.

- Interaktion: Während insbesondere Webformulare klar bezüglich ihrer Strukturierung eingeteilt und abgegrenzt werden sollten, empfiehlt es sich auch, inter-

---

[74] Vgl. http://www.w3.org/TR/WAI-WEBCONTENT/.
[75] Vgl. http://www.w3.org/WAI/.

aktive Schaltflächen bevorzugt mittels CSS zu gestalten und auf JavaScript- oder Flash-Anwendungen weitestgehend zu verzichten.

- Skalierung: Schriftarten sollten generell vom Benutzer skalierbar sein und deshalb nur in relativen, nicht in absoluten Werten angegeben werden.[76]

Zur Überprüfung, ob alle Maßnahmen zur Gestaltung einer barrierefreien bzw. zumindest barrierearmen Weboberfläche ergriffen und korrekt umgesetzt wurden, ist eine manuelle Kontrolle unumgänglich. In einigen Bereichen können aber ergänzend so genannte *Accessibility-Tester* zum Einsatz kommen, welche die Einhaltung bestimmter Richtlinien selbstständig überprüfen.[77] Stellvertretend seien hier Cynthia Says[78] und die Mozilla Accessibility Toolbar[79] erwähnt, die als Browser-Plugin beispielsweise ermöglicht, CSS und Scripting zu deaktivieren, bestimmte Elemente hervorzuheben, oder High Contrast Stylesheets zu Testzwecken einzubinden.

Auch bei Berücksichtigung aller Maßnahmen zur Gestaltung eines möglichst zugänglichen Internetauftrittes bleiben einige Problemformate, deren Einsatz gesondert betrachtet werden muss. Besonders zu erwähnen sind in diesem Zusammenhang PDF-Dokumente und Flash-Animationen.

Für den Einsatz von PDF-Dokumenten spricht, dass sie auf allen Plattformen exakt aussehen, wie das Print-Äquivalent. Zum Betrachten wird allerdings ein externes Plugin benötigt, und für Menschen mit Behinderungen sind diese Dokumente oftmals nur schwer zugänglich. PDFs sollten deshalb nur eingesetzt werden, wenn Funktionalitäten benötigt werden, die XHTML in dieser Form nicht zur Verfügung stellen kann, z.B.:

- „Dokumente mit Schutz gegen Veränderungen des Inhalts (Rechnungen, Terminsachen),

- Wissenschaftliche Texte, bei denen die Seitenaufteilung oder die Zuordnung von Fußnoten große Bedeutung hat oder die besondere Grafikelemente (z.B. mathematische Formeln) enthalten,

- Werbeschriften oder Produktinformationen mit hohem Corporate Identity - (CI-) Faktor, die weniger als Webdokumente fungieren, sondern das Internet primär als Verteilermedium nutzen,

---

[76] Vgl. Radtke, A. / Charlier, M. (2006), S. 55 ff. und http://de.wikipedia.org/wiki/Barrierefreies_Internet.
[77] Beispielsweise kann ein solches Tool verifizieren, ob alle Bilder einer Website mit zusätzlichen Alternativtexten versehen sind oder alle verwendeten Links tatsächliche valide sind. Der Umfang variiert natürlich je nach verwendeter Testsoftware.
[78] Vgl. http://contentquality.com/.
[79] Vgl. http://firefox.cita.uiuc.edu/index.php.

- Interaktive Formulare mit höherem Funktionsumfang als derzeit mit HTML realisierbar".[80]

Neben zunehmender Funktionalität von Screenreadern existieren inzwischen (wenige) Programme, mit denen es möglich ist, die semantische Struktur von PDF-Dokumenten durch Tags hervorzuheben. Die Erstellung solcher *Tagged PDFs* ist allerdings derzeit noch mit hohem Aufwand verbunden, außerdem ist das benötigte Know-How noch relativ dünn gesät.

Die Zugänglichkeit von Flash-Animationen[81] hat sich hingegen in den vergangenen Jahren kaum verbessert. Zwar hat Adobe[82] diesbezüglich einige Anstrengungen unternommen, allerdings auf Basis der Microsoft Active Accessibility - Schnittstelle (MSAA), welche ab Vista nicht länger Bestandteil der Windows-Betriebssysteme ist. Zusätzlich zur oftmals schwierigen Beschaffung des lediglich abwärtskompatiblen Plugins kommt, dass die Bedienung eines Flash-Objektes innerhalb einer Webseite nur über die Tastatur nicht möglich ist. Zwar gibt es durchaus einige Möglichkeiten, Flash zugänglicher zu gestalten, von den verfügbaren assistiven Technologien wird dies jedoch nur sehr unvollständig unterstützt. Im Sinne einer möglichst hohen Accessibility bietet es sich daher eher an, auf den Einsatz von Flash-Animationen nach Möglichkeit zu verzichten.[83]

Auch der Einsatz des inzwischen sehr verbreiteten AJAX-Konzeptes ist der Barrierefreiheit nicht zuträglich. Negativ hervorzuheben sind die bereits in Kapitel 2 angesprochenen Nachteile (Verwendung von JavaScript bzw. ActiveX, keine Back-Funktionalität im Browser, keine Bookmarks für mittels AJAX geladene Inhalte). Dies spricht nicht grundsätzlich gegen den Einsatz von AJAX, es ist lediglich zu berücksichtigen, dass Alternativangebote eingerichtet werden, um Menschen mit Behinderungen die Nutzung nicht zusätzlich zu erschweren oder gar unmöglich zu machen.

Zu guter Letzt sei noch erwähnt, dass auch die Verwendung von Content Management Systemen (CMS) problematisch ist. Verbreitete CMS stellen die Inhalte oftmals noch auf Basis aufgeblähter Tabellenstrukturen dar und sind in dieser Form ganz klar nicht barrierefrei. Auch eine sinnvoll strukturierte Ausgabe der Inhalte gemäß ihrer semantischen Bedeutung ist zumeist nur möglich, wenn gravierende und aufwändige Anpassungen des Kernsystems vorgenommen

---

[80] Radtke, A. / Charlier, M. (2006), S.205.
[81] Die große Stärke von Flash, die zweifelsohne zur raschen Verbreitung beigetragen hat, liegt in der Erstellung interaktiver Oberflächen unter Einbindung von Audio- und Videoelementen. Kritisch ist anzumerken, dass die Funktionalität in vielen Fällen nur zur Erstellung datenintensiver, aber inhaltlich bedeutungsloser Intros auf Webseiten bzw. in Webanwendungen verwendet wird.
[82] Nach dem Aufkauf von Macromedia im Jahre 2005 gehört Adobe das proprietäre Format Flash.
[83] Vgl. Radtke, A. / Charlier, M. (2006), S. 203 ff.

werden. In den Entwicklergruppen der Open-Source-Systeme Joomla![84] und Typo3[85] werden mittlerweile aber verstärkt Anstrengungen unternommen, um die Systeme von Haus aus zugänglicher zu gestalten.

4 Ausblick auf zukünftige Entwicklungen

Mit einer Zunahme von Breitbandanschlüssen und der Verbreitung von Webstandards haben Webanwendungen und -oberflächen deutlich an (Gestaltungs-)Möglichkeiten und Nutzungspotenzialen gewonnen. Dokumentiert wird dies nicht zuletzt durch eine immer höhere Präsenz von Web 2.0 - Applikationen und Services. Dennoch ist nach wie vor eine Reihe von Problemen auszumachen, zu deren Beseitigung zukünftige Anstrengungen zu erwarten sind. Es ist naturgemäß relativ schwierig, Prognosen für einen Bereich abzugeben, in dem die technologische Entwicklung vergleichsweise schnell voranschreitet, dennoch sollen an dieser Stelle einige ausgewählte Aspekte kurz angerissen werden.

Die Weiterentwicklung von Webstandards gestaltet sich oftmals langwierig. Bedingt durch die Zusammensetzung des W3C gibt es immer wieder Firmen, die versuchen, eigene Interessen zu fördern, was die Formulierung allgemein anerkannter Recommendations erschwert. So ist die Spezifikation zu CSS 3 bereits seit Ende des vergangenen Jahrtausends in Arbeit, ohne dass eine fertige Empfehlung in unmittelbarer Aussicht steht. Zwischenzeitlich wurde CSS 3 sogar in einzelne Module unterteilt, die getrennt voneinander veröffentlicht werden, um Entwicklungsergebnisse präsentieren zu können, die dann auch noch von den Browserherstellern implementiert werden müssen. Ähnlich zeitaufwändig gestaltet sich die Spezifikation von XHTML 2. Dazu kommt, dass auch aktuelle Browser bereits bestehende Standards noch immer nicht konsequent umsetzen. Insbesondere der Internet Explorer von Microsoft muss bei bestimmten Anforderungen an das Layout nach wie vor mit Hacks, die z.T. vor anderen Browsern versteckt werden müssen, „überredet" werden, Inhalte wie gewünscht darzustellen, was ein standardkonformes Design erschwert. Hier ist eindeutig noch Nachholbedarf vorhanden. Bei der Barrierefreiheit ist zu hoffen, dass diese Thematik in naher Zukunft noch stärker in den Fokus der Applikationsentwickler und ihrer Auftraggeber rückt, insbesondere was die Einbindung derzeit problematischer Formate und Konzepte betrifft.

Auch auf anderer Ebene müssen technologische Voraussetzungen weiter ausgebaut werden. Durch die zunehmende Verbreitung von Audio/Video-Portalen

---

[84] Vgl. http://joomla.org/.
[85] Vgl. http://typo3.org/.

wie YouTube, MySpace oder Flickr und den damit verbundenen Datentransfer wird die verfügbare Bandbreite zunehmend ausgereizt. Experten warnen bereits vor einem (partiellen) Netzwerk-Kollaps durch eine Überlastung der verfügbaren Datenleitungen. Betroffen sind auch drahtlose Netzwerke, die kurzfristig weiter an Bedeutung gewinnen und langfristig kabelgebundene Endanschlüsse vermutlich ersetzen werden.

Der Funktionsumfang von Webbrowsern wird sich in Zukunft weiter erhöhen. Wie sich die „Out Of The Box" - Einbindung von Plugins, etwa für PDF-Dokumente oder Flash-Animationen entwickelt, wird nicht zuletzt von der Bereitschaft von Adobe abhängen, diese Plugins in Lizenz herauszugeben. Zumindest die Schnittstellen zum Processing von PDF-Dateien liegen inzwischen offen. Außerdem kann davon ausgegangen werden, dass derzeit nur als externe Software verfügbare XSLT-Prozessoren mit zunehmender Verbreitung von XML-Applikationen mittelfristig als fixe Bestandteile in Webbrowsern Einzug halten werden. Zu guter Letzt sei noch erwähnt, dass die Marktmacht von Suchmaschinen-Anbietern (insbesondere Google) zukünftig Gegenstand genauerer Untersuchungen sein wird. So muss herausgearbeitet werden, inwiefern diese Anbieter durch ihre (technische) Manipulierbarkeit und gestaffelte Zahlungsverpflichtungen zur Reihung in den Suchergebnissen, aber auch durch eigene Manipulationen von Rankings, mangelnde Auskünfte zum Datenschutz (oder Verstöße dagegen) und regionale Zensur von Inhalten ihre enorme Marktmacht unrechtmäßig ausnutzen. Diese Untersuchungen werden durch ein nach wie vor nicht existentes internationales Recht allerdings zusätzlich erschwert.

Literaturverzeichnis

Bücher

Bongers, F. (2005): XSLT 2.0 - Das umfassende Handbuch. 1., korrigierter Nachdruck. Galileo Press, Bonn.

Budd, A. / Moll, C. / Collison, S. (2007): CSS Mastery. Addison-Wesley, München.

Carl, D. (2006): Praxiswissen Ajax. O'Reilly, Köln.

Cederholm, D. (2006): Bulletproof Webdesign. Addison-Wesley, München.

Fischer, M (2006): Website Boosting. Suchmaschinen-Optimierung, Usability, Webseiten-Marketing. MITP, Heidelberg.

Jacobsen, J. (2005): Website-Konzeption. Erfolgreich Web- und Multimedia-Anwendungen entwickeln. 3., erweiterte Auflage. Addison-Wesley, München.

Meyer, E. (2005): Eric Meyer's CSS. Addison-Wesley, München.

Niedermeyer, S. (2006): Cocoon 2 und Tomcat. XML-Publishing mit dem Open-Source-Framework. Galileo Press, Bonn.

Niedermeier, S. / Scholz, M. (2006): Java und XML. Grundlagen, Einsatz, Referenz. Galileo Press, Bonn.

Radtke, A. / Charlier, M. (2006): Barrierefreies Webdesign. Attraktive Websites zugänglich gestalten. Addison-Wesley, München.

Shafer, D. / Yank, K. (2004): Cascading Stylesheets. dpunkt.verlag, Heidelberg.

Shea, D. / Holzschlag, M. E. (2005): Zen und die Kunst des CSS-Designs. Addison-Wesley, München.

Steyer, R. (2006): AJAX mit PHP. Beschleunigte Webapplikationen für das Web 2. Addison-Wesley, München.

Ullenboom, C. (2006): Java ist auch eine Insel. Das umfassende Handbuch. 5., aktualisierte und erweiterte Auflage. Galileo Press, Bonn.

Young, M. J. (2001): XML - Schritt für Schritt. 2. Auflage. Microsoft Press Deutschland, Unterschleißheim.

Zeldman, J. (2006): Webdesign mit Webstandards. Addison-Wesley, München.

Web-Adressen

Beckett, D. / McBride, B. (2004): RDF/XML Syntax Specification (Revised). http://www.w3.org/TR/rdf-syntax-grammar/. 26.04.2007.

Berners-Lee, T. (2006): Notation3 (N3) - A Readable RDF Syntax. http://www.w3.org/DesignIssues/Notation3.html. 26.04.2007.

Bos, B. et al. (1998): Cascading Style Sheets, Level 2. http://www.w3.org/TR/REC-CSS2/. 25.04.2007.

Bray, T. et al. (2006): Extensible Markup Language (XML) 1.0 (Fourth Edition). http://www.w3.org/TR/REC-xml/. 25.04.2007.

Chisholm, W. / Vanderheiden, G. / Jacobs, I. (1999): Web Content Accessibility Guidelines 1.0. http://www.w3.org/TR/WAI-WEBCONTENT/. 27.04.2007.

Parada, R. A. (2006): DOAC - Description Of A Career. http://ramonantonio.net/doac/. 26.04.2007.

Prud'hommeaux, E. /Seaborne, A. (2007): SPARQL Query Language For RDF. http://www.w3.org/TR/rdf-sparql-query/. 26.04.2007.

Shea, D. (2007): css Zen Garden: The Beauty In CSS Design. http://www.csszengarden.com/. 26.04.2007.

o.V. (o.J.): Atom. http://www.atompub.org/. 26.04.2007.

o.V. (2007): Barrierefreies Internet - Wikipedia. http://de.wikipedia.org/wiki/Barrierefreies_Internet. 29.04.2007.

o.V. (o.J.): BITV - nichtamtliches Inhaltsverzeichnis. http://www.gesetze-im-internet.de/bitv/index.html. 27.04.2007.

o.V. (2007): Google Suggest. http://www.google.com/webhp?complete=1&hl=en. 25.04.2007.

o.V. (2006): Illinois Center For Information Technology Accessibility: Firefox Accessibility Extension. http://firefox.cita.uiuc.edu/index.php. 29.04.2007.

o.V. (2007): Joomla! http://joomla.org/. 29.04.2007.

o.V. (2007): Netvibes. http://www.netvibes.com/. 25.04.2007.

o.V. (2004): Resource Description Framework (RDF) / W3C Semantic Web Activity. http://www.w3.org/RDF/. 26.04.2007.

o.V. (2006): RSS 2.0 Specification (Version 2.0.8). http://www.rssboard.org/rss-specification. 26.04.2007.

o.V. (2007): RSS - Wikipedia. http://de.wikipedia.org/wiki/Rss. 26.04.2007.

o.V. (2006): SemanticGov :: Services For Public Administration. http://www.semantic-gov.org/. 26.04.2007.

o.V. (2007): The Apache Cocoon Project. http://cocoon.apache.org/. 25.04.2007.

o.V. (o.J.): The Friend Of A Friend (FOAF) Project. http://www.foaf-project.org/. 26.04.2007.

o.V. (2007): Typo3.org: Typo3 Content Management System - Developer Resource. http://typo3.org/. 29.04.2007.

o.V. (2006): Web Accessibility Initiative (WAI). http://www.w3.org/WAI/. 27.04.2007.

o.V. (2003): Welcome To The HiSoftware Cynthia Says Portal. http://contentquality.com/. 29.04.2007.

o.V. (2007): World Wide Web Consortium. http://www.w3.org/. 25.04.2007.

o.V. (2007): W3C Members. http://www.w3.org/Consortium/Member/List.php3. 25.04.2007.

o.V. (2002): XHTML 1.0: The Extensible Hypertext Markup Language (Second Edition). http://www.w3.org/TR/xhtml1/. 25.04.2007.

Anwendungen

eCl@ss-Releasewechselprozess der Volkswagen AG

Jubran Rajub, Sebastian Tietz

Otto-von-Guericke-Universität Magdeburg
Fakultät für Informatik (FIN/ITI)
Arbeitsgruppe Wirtschaftsinformatik
Postfach 4120
D-39016 Magdeburg
jubran.rajub@iti.cs.uni-magdeburg.de

Abstract: Der Klassifikations- und Beschreibungsstandard für Güter namens eCl@ss wird in zahlreichen Großunternehmen wie Volkswagen, BASF, Siemens oder BMW und deren Lieferanten eingesetzt. Durch kontinuierliche Weiterentwicklung von eCl@ss werden regelmäßig neue Releases zur Verfügung gestellt. Diese sind nicht eindeutig ineinander überführbar, was zu einem erheblichen Aufwand bei einem Releasewechsel führen kann. In diesem Paper wird der Releasewechsel in einem deutschen Großunternehmen behandelt. In dieser Fallstudie wird der eCl@ss-Standard vorgestellt. Der Schwerpunkt dieses Papers liegt jedoch auf dem Releasewechsel-Konzept, den zugrunde liegenden Mappingtabellen und der Analyse des durch einen Releasewechsel verursachten Aufwandes und die damit involvierten Organisationseinheiten.

Keywords: eCl@ss, Klassifikation, Releasewechsel, Mapping

1 Einführung und Motivation

Die Volkswagen AG mit Sitz in Wolfsburg ist mit über 100 Milliarden Euro Umsatz pro Jahr größter Automobilproduzent Europas und mit jährlich über fünf Millionen ausgelieferten Fahrzeugen einer der führenden Automobilhersteller weltweit [VW07].

Im Zuge des Wertschöpfungsprozesses des Unternehmens werden Informationen zu mehreren Millionen Gütern, deren Klassifikations- und Beschreibungsmöglichkeiten heterogen in den unterschiedlichsten Informationssystemen der Volkswagen AG gespeichert. Die so entstandene Situation gewinnt damit zunehmend an Komplexität und Heterogenität, so dass ein strukturierter und effizienter Klassifikationsstandard nicht mehr umgänglich ist.

Im Jahr 2006 beschloss der Konzern die Einführung eines einheitlichen Standards für die Klassifikation und Beschreibung von Gütern. Entscheidend für die Auswahl von eCl@ss-Standards war seine internationale Ausrichtung. Er bietet zusätzlich zu einer unternehmensinternen Integration und Klassifikation der Güterdaten einen, zumindest heute nur noch, deutschlandweiten Standard zur Klassifizierung und Beschreibung von Produkten.

Dadurch können die Angebote der verschiedenen Lieferanten in einem elektronischen Katalog integriert werden. Dies senkt den Suchaufwand für ein Gut, da nicht jeder einzelne Lieferanten-Katalog vom Einkäufer separat untersucht werden muss [Dolmetsch00, S. 179 f.]. Außerdem kann die Verhandlungsstärke gegenüber den Lieferanten durch Regressionsanalysen unterstützt werden. Hierbei wird versucht zwischen den Ausprägungen von Merkmalen und dem Preis eines Gutes einen Zusammenhang zu finden. Eine signifikante Abweichung von einem solchen Zusammenhang kann auf einen ungerechtfertigten Einkaufspreis deuten. Diese Information kann damit Grundlage von Verhandlungen über Konditionen mit den Lieferanten sein.

Werden die Lieferanten des Unternehmens verpflichtet ihr Angebot einheitlich zu klassifizieren, so können Lieferanten mit gleichem oder ähnlichem Angebotsspektrum identifiziert werden. Dadurch ist es möglich, die Anzahl der Lieferanten zu konsolidieren, was ebenfalls die Verhandlungsstärke gegenüber den Lieferanten erhöhen kann [Mintzberg05, S. 120 ff.] [Wöhe90, S. 514].

Der Herausgeber des eCl@ss-Standards ist der eCl@ss e. V. Dieser Verein wurde im Jahr 2000 gegründet und ist damit noch verhältnismäßig jung. Aufgrund dieser Tatsache und die durch stätige Produktinnovationen bedingte Veränderung von am Markt gehandelten Gütern, wird eCl@ss kontinuierlich weiterentwickelt, was zum regelmäßigen Erscheinen von neuen eCl@ss-Releases führt.

Um auf dem neusten Stand zu bleiben, sind die Unternehmen gezwungen die neuen Releases einzuführen. Ein Wechsel des verwendeten eCl@ss-Releases in den Unternehmen ermöglicht es die Neuerungen des Standards nutzen zu können. Da diese Releases aber nicht eindeutig ineinander überführbar sind, bedarf es eines erheblichen Aufwandes für das Unternehmen um einen Releasewechsel zu betreiben.

In diesem Beitrag wird gezeigt, wie der eCl@ss-Standard aufgebaut ist. Der Schwerpunkt liegt in der Erläuterung eines Lösungsansatzes für einen Releasewechsel und der Analyse des damit verbundenen Aufwandes. Im folgenden Abschnitt zwei wird ein kompakter Überblick über den eCl@ss-Standard gegeben. Es wird auf die wesentlichen Aspekte des Standards eingegangen und das methodische Vorgehen beschrieben. Anschließend wird untersucht, welche Aufgaben für einen Releasewechsel auszuführen sind. Das abschließende Kapitel gibt eine Zusammenfassung des Papers und einen Ausblick auf noch ausstehende Forschungsarbeiten.

2 eCl@ss-Grundlagen

eCl@ss ist ein international ausgerichteter Standard[86] zur Klassifizierung und Beschreibung von Produkten. Es wird seit dem Jahr 2000 vom eCl@ss-Verein, mit Sitz in Köln, getragen und weiterentwickelt. eCl@ss zielt darauf ab, die Gesamtheit aller am Markt verfügbaren Güter und Dienstleistungen klassifizieren und beschreiben zu können [eCl@ss07a].

Trotz des Anspruchs einer internationalen Ausrichtung ist eCl@ss bisher nur im deutschen Sprachraum einer der wichtigsten Klassifikationsstandards und hat sich in anderen Ländern noch nicht durchgesetzt [Nekolar03, S. 68 f.]. Dies begründet die Einschränkung der Literaturhinweise auf deutschsprachige Werke. Neben VW und Audi zählen auch BMW, DaimlerChrysler, Siemens, Deutsche Bahn AG, RWE, SAP und BASF zu den Mitgliedern von eCl@ss e. V. [eCl@ss07b].

Unter einer Klassifikation wird die Zuordnung von Gütern zu Klassen verstanden. Diese Klassen fassen gleiche oder gleichartige Güter zusammen [Nenninger01, S. 175]. Die Klassifikation erfolgt in eCl@ss über einen vierstufigen numerischen eCl@ss-Schlüssel. Die Stufen heißen in absteigender Reihenfolge Sachgebiet, Hauptgruppe, Gruppe und Untergruppe. Die präziseste Klassifikation eines Gutes erfolgt auf der untersten Hierarchiestufe.

Jede Stufe der Hierarchie wird im eCl@ss-Schlüssel durch jeweils zwei Ziffern repräsentiert. Die ersten beiden Ziffern stehen für ein Sachgebiet, die nächsten zwei für eine untergeordnete Hauptgruppe, die folgenden beiden für eine untergeordnete Gruppe und die letzten zwei für eine zugehörige Untergruppe. Jeder eCl@ss-Schlüssel repräsentiert damit eine Klasse des Standards. Das UML-Klassendiagramm in
Abb. 1 verdeutlicht diese Klassenhierarchie.

Um die Suche nach einem eCl@ss-Schlüssel zu unterstützen, sind zahlreichen Klassen Schlagworte zugeordnet. Den Klassen auf der Untergruppenebene sind zudem im eCl@ss-Standard standardisierte Merkmale zugeordnet [Nekolar03, S. 68]. Ein Merkmal ist eine „Eigenschaft, die zum Beschreiben und Unterscheiden von Objekten dient" [DIN05, S. 10]. eCl@ss erlaubt somit neben der Klassifikation über den eCl@ss-Schlüssel auch eine Beschreibung der klassifizierten Güter durch standardisierte Merkmale. Das Angebot von Merkmalen unterscheidet eCl@ss von anderen verbreiteten Standards zur Klassifikation von Gütern[87]. Dies war mit ausschlaggebend für die Entscheidung eCl@ss in der Volkswagen AG einzuführen.

---

[86]. Der eCl@ss-Standard ist unter http://www.eclass.de kostenlos erhältlich (Stand 3. 3. 2007).
[87] Hierzu gehören beispielsweise der „United Nations Standard Products and Service Code" (UNSPSC), das „ECCMA Open Technical Dicitionary" (eOTD) und das „Rosettanet Technical Dicitionary" (RNTD) [Hepp05, S. 572].

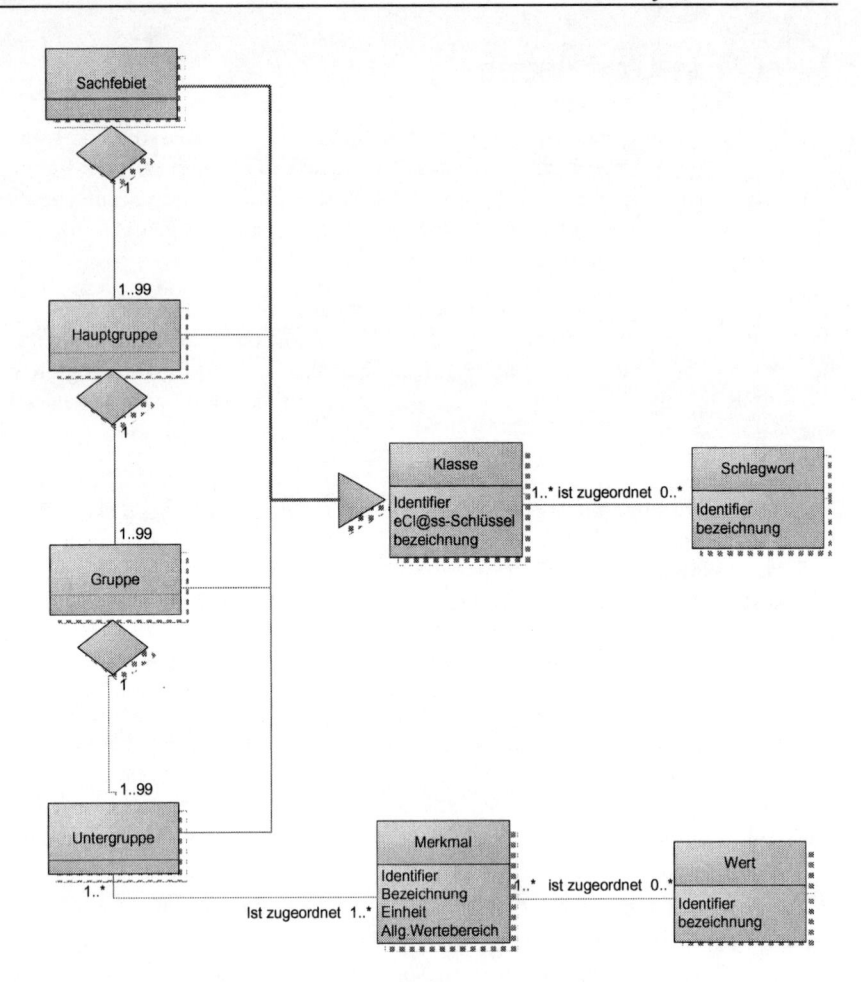

Abb. 1 UML-Klassendiagramm von eCl@ss

Trotz der 25083 Klassen auf der Untergruppenebene können nicht alle Güter klassifiziert und beschrieben werden. So gibt es im aktuellen Release 5.1.3 beispielsweise keine Klasse um einen ‚Crash-Test Dummy' präzise zu klassifizieren und zu beschreiben. Hierfür müsste der Standard um eine Klasse „Crash-Test Dummy" mit den Merkmalen „Gewicht", „Geschlecht" etc. ergänzt werden. Für solche von Unternehmen benötigten Erweiterungen am Standard gibt es die Möglichkeit nutzerdefinierte Klassen, Merkmale, Werte oder Schlagworte einzubinden. Die Erweiterungen können so schon vor offizieller Aufnahme in den Standard genutzt werden. Bei einem Wechsel des verwendeten eCl@ss-Releases werden diese nutzerdefinierten Erweiterungen berücksichtigt.

3 eCl@ss anhand eines Beispiels

Um beispielsweise einen Kreuzschlitz-Schraubendreher zu klassifizieren, befindet sich im Sachgebiet „Werkzeug" (21) die Hauptgruppe „Handwerkzeug" (04). Diese Hauptgruppe ist in mehrere Gruppen unterteilt, von denen für das Beispiel die Gruppe „Schraubendreher, -einsätze" (04) relevant ist. Die präziseste Klassifikation erlaubt die zugehörige Untergruppe „Schraubendreher" (01). Der Kreuzschlitz-Schraubendreher ist demzufolge mit dem eCl@ss-Schlüssel „21-04-04-01" zu klassifizieren. Die **Fehler! Verweisquelle konnte nicht gefunden werden.** illustriert für das Beispiel den hierarchischen Aufbau von eCl@ss.

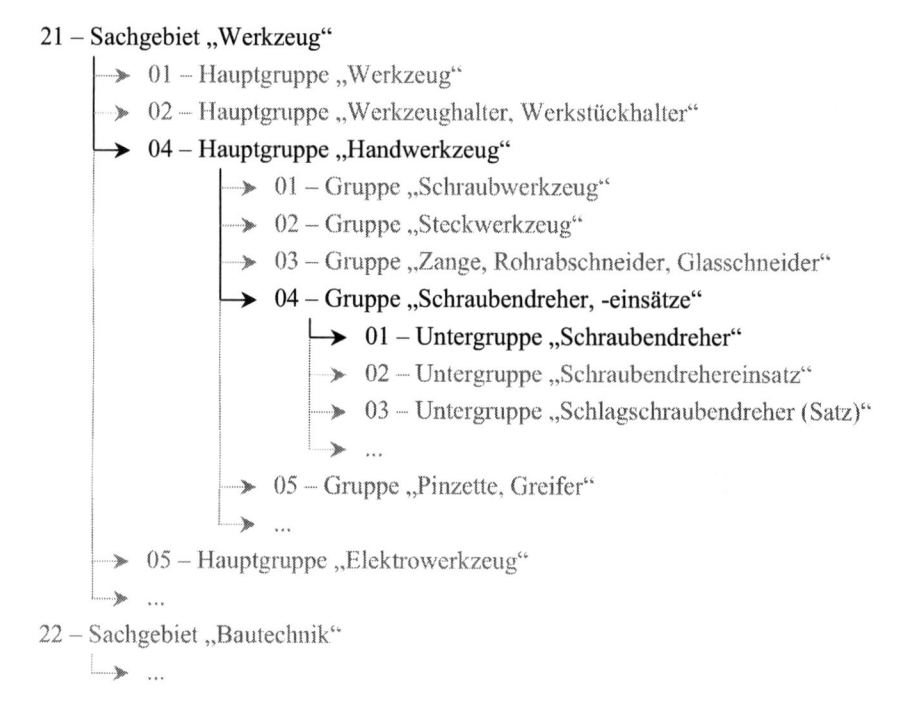

```
21 – Sachgebiet „Werkzeug"
  ➤ 01 – Hauptgruppe „Werkzeug"
  ➤ 02 – Hauptgruppe „Werkzeughalter, Werkstückhalter"
  ➤ 04 – Hauptgruppe „Handwerkzeug"
      ➤ 01 – Gruppe „Schraubwerkzeug"
      ➤ 02 – Gruppe „Steckwerkzeug"
      ➤ 03 – Gruppe „Zange, Rohrabschneider, Glasschneider"
      ➤ 04 – Gruppe „Schraubendreher, -einsätze"
          ➤ 01 – Untergruppe „Schraubendreher"
          ➤ 02 – Untergruppe „Schraubendrehereinsatz"
          ➤ 03 – Untergruppe „Schlagschraubendreher (Satz)"
          ➤ ...
      ➤ 05 – Gruppe „Pinzette, Greifer"
      ➤ ...
  ➤ 05 – Hauptgruppe „Elektrowerkzeug"
  ➤ ...
22 – Sachgebiet „Bautechnik"
  ➤ ...
```

Abb. 2 Auszug aus der Klassenhierarchie von eCl@ss

Die Tab. 1 gibt einen Überblick über die in obigem Beispiel verwendeten Klassen von eCl@ss mit dem Identifier, dem achtstelligen eCl@ss-Schlüssel und der Bezeichnung. Den Bezug der Klassen zur Klassenhierarchie gibt die Spalte „Hierarchiestufe" wieder[88].

Um die Suche nach einem eCl@ss-Schlüssel zu unterstützen, sind zahlreichen Klassen Schlagworte zugeordnet. So besitzt beispielsweise die Klasse mit dem eCl@ss-Schlüssel „21-04-04-01" und der Bezeichnung „Schraubendreher" eine Zuordnung zum Schlagwort „Schraubenzieher". Um für ein Gut die entsprechende Klasse zu finden, stehen also eine Suche über die eCl@ss-Hierarchie und über die Bezeichnungen der Klassen und Schlagworte zur Verfügung.

Tab. 1 Beispiele für Klassen in eCl@ss

Identifier	eCl@ss-Schlüssel	Bezeichnung	Hierarchiestufe
AAA183002	21-00-00-00	Werkzeug	Sachgebiet
AAA311002	21-04-00-00	Handwerkzeug	Hauptgruppe
AAA351003	21-04-04-00	Schraubendreher, - einsatz	Gruppe
AAA352003	21-04-04-01	Schraubendreher	Untergruppe

Der Klasse „Schraubendreher" aus obigem Beispiel sind zur Güterbeschreibung die Merkmale „Länge des Schaftes" und „Dicke der Schneide" zugeordnet. eCl@ss ordnet allen Merkmalen allgemeine Wertebereiche zu oder definiert eine Menge konkreter zulässiger Werte. Zum Merkmal „Dicke der Schneide" gehört beispielsweise der allgemeine Wertebereich der positiven rationalen Zahlen. Für das Merkmal „Ausgabe der Maßnorm" sind hingegen als zulässige Werte u. a. die konkreten Ausprägungen „DIN 345" und „DIN 2185" definiert.

4 Releasewechsel

Ein Releasewechsel ist erforderlich, um auf Neuerungen oder Produktinnovationen, gegenüber dem Marktgeschehen hinsichtlich der Klassifikations- und Beschreibungsmöglichkeit von Gütern zu reagieren [Hepp05, S. 572 f.].

Durch die kontinuierliche Weiterentwicklung des Standards werden regelmäßig neue Releases zur Verfügung gestellt. Ein Release ist als eine zur Nutzung freigegebene Version von eCl@ss zu definieren [Nottbohm01, S. 400 f.]. Vom eCl@ss e. V. werden derzeit die Releases 4.1, 5.0.1, 5.1, 5.1.1, 5.1.2 und 5.1.3 bereitgestellt. Die bisherigen Beispiele bezogen sich auf das Release 5.1.3.

---

[88] Für Klassen der Hierarchiestufen über der Untergruppenebene werden die Ziffern des eCl@ss-Schlüssels, die die unteren Hierarchiestufen repräsentieren, mit Nullen gefüllt.

In einem neuen Release können u. a. die Klassen des Standards verändert worden sein. So kann ein eCl@ss-Schlüssel des einen Releases in einem anderen für eine andere Klasse stehen. Anhand der Identifier der Elemente können zwar gleiche Elemente in unterschiedlichen Releases identifiziert werden, es ist jedoch nicht möglich alle Änderungen durch die jeweiligen Identifier nachzuvollziehen. Beispielsweise besteht die Möglichkeit, dass eine Klasse in einem neuen Release in zwei Klassen aufgeteilt wurde. Die beiden neuen Klassen besitzen dadurch andere Identifier, wodurch eine eindeutige Abbildung nicht möglich ist. Die Abbildung von Elementen eines Releases auf ein anderes wird im Folgenden als Mapping bezeichnet.

4.1 Einführung von Mappingtabellen

Den Mitgliedern des eCl@ss e. V. werden Mappingtabellen zur innerbetrieblichen Nutzung zur Verfügung gestellt [eCl@ss07c]. Diese ermöglichen es Aussagen darüber zu treffen, wie die Elemente von eCl@ss von einem Release in ein anderes überführt werden können. Die Mappingtabellen des eCl@ss e. V. besitzen dabei als Ausgangs- und Zielrelease jeweils aufeinander folgende Releases. Zur Ermöglichung eines Mappings über mehrere Releases werden die entsprechenden Mappingtabellen nacheinander ausgewertet. Um beispielsweise vom Ausgangsrelease 4.1 auf das Zielrelease 5.1 zu mappen, wird erst die Mappingtabelle von Release 4.1 auf 5.0.1 ausgewertet und anschließend die Mappingtabelle von Release 5.0.1 auf 5.1.

Ein Mapping-Operator ist als ein natürlichsprachiger Ausdruck, der angibt, wie die Elemente des Ausgangs- und Zielreleases aufeinander abgebildet werden können, zu definieren. Die Mappingtabellen sind so aufgebaut, dass zu den Identifiern der Elemente des Ausgangsreleases der Mappingtabelle die zugehörigen Identifier im Zielrelease der Mappingtabelle zusammen mit einem Mapping-Operator angegeben werden.

Die der Volkswagen AG vorliegende Mappingtabelle für das Mapping von Klassen von Release 4.1 auf 5.0.1 wird im Folgenden exemplarisch vorgestellt. Diese Mappingtabelle enthält die Mapping-Operatoren „close", „new", „move", „split", „join", „edit" und „no". Dieser Mapping-Operatoren werden wie folgt erläutert:

- Der „close"-Operator gibt an, dass eine Klasse geschlossen wurde. Sie steht damit im neuen Release nicht mehr zur Verfügung.

- Durch die Angabe des „new"-Operators wird eine neue Klasse eingeführt.

- Der „move" Operator gibt an, dass der eCl@ss-Schlüssel einer Klasse sich geändert hat.

- Mit dem „split"-Operator wird angegeben, dass eine Klasse in mehreren aufgeteilt wurde.

- Durch die Angabe des „join"-Operators werden Klassen zusammengefasst.
- Eine Änderung der Bezeichnung einer Klasse gibt der „edit"-Operator an.
- Schließlich kennzeichnet der „no"-Operator die nicht geänderten Klassen.

4.2 Warum unternehmenseigene Mappingtabellen zu erstellen sind

Über Mappingtabellen können die Elemente eines Ausgangsreleases auf das Zielrelease abgebildet werden. Dabei können einige Zuordnungen zu eCl@ss bei einem Releasewechsel sogar automatisch auf das Zielrelease aktualisiert werden. Der „move"-Operator beispielsweise gibt lediglich an, dass für diese Klasse beim Releasewechsel nur der eCl@ss-Schlüssel sich geändert hat. Dementsprechend kann bei der Auswertung der Mappingtabelle automatisch der Klasse des Zielreleases dem neuen eCl@ss-Schlüssel zugeordnet werden.

Diese Zuordnungen vom Ausgangsrelease auf das Zielrelease können nicht immer automatisch übertragen werden. Insbesondere bei einem „split"-Operator muss „manuell" entschieden werden, welcher Klasse im Zielrelease dem gesplitteten Schlüssel zugeordnet werden soll. Außerdem nimmt die Volkswagen AG eigene nutzerdefinierte Erweiterungen von eCl@ss innerhalb des Unternehmens vor. Um diese nutzerdefinierten Erweiterungen auf das Zielrelease abbilden zu können, muss deren Mapping ebenfalls in Mappingtabellen dokumentiert werden. Hierfür werden die offiziellen Mappingtabellen erweitert. Dadurch können auch die Zuordnungen auf nutzerdefinierte Erweiterungen von eCl@ss beim nächsten Releasewechsel aktualisiert werden. Beispielsweise kann die nutzerdefinierte Klasse „Crash-Test Dummy" im Zielrelease als Bestandteil des offiziellen Standards aufgenommen worden sein. Die offiziellen Mappingtabellen müssen für diesen Fall so geändert werden, dass die Zuordnungen zur nutzerdefinierten Klasse „Crash-Test Dummy" des Ausgangsreleases automatisch auf die entsprechende Klasse im Zielrelease aktualisiert werden können.

Grundlage für ein korrektes Mapping bei einem Releasewechsel sind fehlerfreie Mappingtabellen. Eine Analyse der offiziellen Mappingtabellen des eCl@ss e. V. ergab jedoch, dass es mit ihnen nicht immer möglich ist, ausgehend von einem offiziellen Release, ein anderes offizielles Release fehlerfrei zu generieren. Um hier entgegen zu wirken, müssen diese Fehler in den offiziellen Mappingtabellen erkannt und behoben werden. Ansonsten würde die Aktualisierung der Zuordnungen auf das Zielrelease durch Nutzung fehlerhafter Mappingtabellen ebenfalls fehlerhaft sein.

Innerhalb der Volkswagen AG ist es nicht vorgesehen nur ein einziges eCl@ss-Release zu nutzen. Dies wird von Seiten des Unternehmens begründet mit einem nicht zu bewältigenden Aufwand einer zeitgleichen Umstellung aller Zuordnungen zu eCl@ss. Nach Erfahrungen der Volkswagen AG bedarf es eines zeitlichen

Vorlaufs von nahezu einem Jahr für einen Releasewechsel. Zwischen den in der Einleitung eingeführten Unternehmenszielen können daher Konflikte aufgrund des nicht eindeutigen Mappings zwischen den Releases entstehen. Werden beispielsweise Güter mit einem neuen Release klassifiziert, mit dem Ziel eine aussagekräftige Regressionsanalyse zu unterstützen, aber die Einkäuferzuordnung auf einem alten Release belassen, so ist es nicht mehr möglich jedem Gut automatisch einen zuständigen Einkäufer zuzuordnen. Das Ziel einer aussagekräftigen Regressionsanalyse und das der effizienten Gestaltung des Beschaffungsprozesses stehen in diesem Beispiel also in Konflikt zueinander.

4.3 Releasewechselprozess

In diesem Kapitel wird dargestellt, welche Aufgaben den Aufwand bei einem Releasewechsel verursachen und welche Organisationseinheiten mit der Erledigung dieser Aufgaben in einem Unternehmen beauftragt werden können. Diese fachliche Analyse kann dann einer Etablierung eines Releasewechselprozesses innerhalb eines Unternehmens als Grundlage dienen. Zunächst wird ein Überblick über die am Prozess beteiligten Organisationseinheiten (OE) gegeben:

- Unter „eCl@ss nutzende OE" werden alle Organisationseinheiten des Unternehmens verstanden, die Zuordnungen zu eCl@ss treffen.

- Die „eCl@ss hostende OE" stellt anderen Organisationseinheiten den eCl@ss-Standard und die Mappingtabellen zur Verfügung.[89]

- Das unternehmensinterne „eCl@ss-Gremium" soll sich aus Vertretern der eCl@ss nutzenden OE" und Vertretern der „eCl@ss hostenden OE" zusammensetzen und in regelmäßigen Abständen tagen.

- Der „eCl@ss e. V." als externe Organisationseinheit ist zuständig für die Bereitstellung der Releases und der Mappingtabellen.

Organisationseinheiten, die eCl@ss nutzen wollen, bekommen so den Standard und die Mappingtabellen durch die „eCl@ss hostende OE" innerhalb des Unternehmens zentral bereitgestellt. Damit die Aufgaben im Rahmen eines Releasewechsels nicht redundant ausgeführt werden müssen, wird die Etablierung eines „eCl@ss-Gremiums" motiviert. Diese konzernweite Bereitstellung von Kompetenz und Verantwortung bezüglich eCl@ss stellt eine weitere Entlastung für die „eCl@ss nutzenden OE" dar. Als Aufwand verursachende Prozessschritte wurden folgende Aufgaben identifiziert:

---

[89] Das englische ‚to host' bedeutet sinngemäß ‚bewirten'. Die eCl@ss hostende Organisationseinheit stellt den Standard zur Verfügung und ‚bewirtet' damit andere Organisationseinheiten.

- Damit der Releasewechsel einen möglichst hohen Beitrag zum Unternehmenserfolg erzielt, ist es Aufgabe des eCl@ss-Gremiums, die Zielkonflikte bei einem Releasewechsel abzuwägen, wodurch der Releasewechselprozess eine strategische Bedeutung für das Unternehmen besitzt, insbesondere in Bezug auf ihre Verhandlugsstärke mit den Lieferanten.

- Für eine zeitgleiche Umstellung mehrere Datenbestände auf ein neues Release ist es notwendig einen Umstellungstermin zu definieren. Zur Gewährleistung der Einhaltung des Umstellungstermins müssen die notwendigen technischen und personellen Ressourcen zur Verfügung gestellt werden.

- Für eine korrekte und vollständige Aktualisierung der Zuordnungen von Datenbeständen zu eCl@ss ist es notwendig die offiziellen Mappingtabellen zu überarbeiten. Hierfür wird durch das eCl@ss-Gremium das Mapping der nutzerdefinierten Erweiterungen in die Mappingtabellen aufgenommen. Im Zuge dessen müssen auch die Fehler der offiziellen Mappingtabellen behoben werden.

- Da der eCl@ss e. V. nicht verpflichtet ist die nutzerdefinierten Erweiterungen der Unternehmen Teil des Standards werden zu lassen, müssen diese durch die eCl@ss-hostende Organisationseinheit in der Regel auch in zukünftige Releases eingefügt werden.

- Anhand der von der eCl@ss-hostenden Organisationseinheit zur Verfügung gestellten aufbereiteten Mappingtabellen, haben die eCl@ss-nutzenden Organisationseinheiten ihre Zuordnungen von Datenbeständen auf eCl@ss teilautomatisch zu aktualisieren.

Bei Betrachtung des mit einem Releasewechsel verbundenen Aufwandes wird deutlich, dass die Kosten für die Nutzung eines Klassifikations- und Beschreibungsstandards, wie eCl@ss, sich nicht auf eine initiale Zuordnung von Datenbeständen zum Standard beschränken. Vielmehr sind in die Betrachtung der Gesamtkosten der eCl@ss-Nutzung die regelmäßigen Aufwände für einen Releasewechsel zu berücksichtigen. Dabei ist zu beachten, dass zur Erfüllung der einzelnen Aufgaben ein spezielles Fachwissen bezüglich eCl@ss und den unternehmensinternen Beziehungen zwischen den Unternehmenszielen notwendig ist.

5 Zusammenfassung und Ausblick

In diesem Paper wurden nach Vorstellung des Klassifikations- und Beschreibungsstandards eCl@ss die Grundlagen für einen Releasewechsel in Form von Mappingtabellen erläutert. Nach Schaffung dieser Grundlagen sind die bei einem Releasewechsel zu bewältigenden Aufgaben unter Angabe von teilweise noch zu etablierenden Organisationseinheiten als Ergebnis der Untersuchungen dargestellt worden. Dies bietet einen Ausgangspunkt für die Implementierung eines Releasewechselprozesses innerhalb eines Unternehmens.

Diese Analyse bietet damit auch einen Rahmen für weitere Forschungsaktivitäten. Hierzu gehört die Untersuchung, wie eine Historisierung von Datenbeständen bei Einsatz mehrerer Releases erfolgen kann und wie diese historisierten Daten für Analysen und Reports verarbeitet werden können.

Eine weitere notwendige Forschungsaktivität besteht in der Untersuchung der Frage, was für einen Einfluss der Einsatz unterschiedlicher Releases innerhalb eines Unternehmens auf den Unternehmenserfolg hat. Ein weiterer Aspekt ist dabei die Untersuchung, wie ein Releasewechsel entlang einer Supply Chain koordiniert werden kann.

References

[Dolmetsch00]: Dolmetsch, R. (2000): eProcurement – Einsparungspotentiale im Einkauf. München. Addison-Wesley Verlag

[DIN05, S. 10]: E DIN 4002-2 (2005), Merkmale und Geltungsbereiche zum Produktdatenaustausch – Teil 2: Begriffe und konzeptionelles Informationsmodell, Berlin

[eCl@ss07a]: eCl@ss e. V. (2007a), Grundsatzleitlinie des eCl@ss e. V., Köln, zur Ausprägung des Klassifizierungsstandards eCl@ss einschließlich seiner Merkmalstrukturen (Version 1.0), http://www.eclass.de, 9.2.2007

[eCl@ss07b]: eCl@ss e. V. (2007b), Mitglieder im eCl@ss e. V., http://www.eclass.de, 9.2.2007

[eCl@ss07c]: eCl@ss e. V. (2007c), FAQs zum Update auf aktuelle eCl@ss-Versionen, http://www.eclass.de, 11.2.2007

[Hepp05]: Hepp, M.; Leukel, J.; Schmitz, V. (2005), A Quantitative Analysis of eCl@ss, UNSPSC, eOTD, and RNTD: Content, Coverage and Maintenance. Proceedings of the IEEE ICEBE 2005, S. 572-581

[Mintzberg05]: Mintzberg, H.; Ahlstrand, B.; Lampel, J. (2005): Strategy Safari – Eine Reise durch die Wildnis des strategischen Managements. Heidelberg. Redline Wirtschaft Verlag

[Nekolar03]: Nekolar, A.-P. (2003), e-Procurement – Euphorie und Realität. Berlin u.a. Springer Verlag

[Nenninger01]: Nenninger, M.; Lawrenz, O. (2001), B2B-Erfolg durch eMarkets – Best Practice: Von der Beschaffung über eProcurement zum Net Market Maker. Wiesbaden. Vieweg Verlag

[Nottbohm01]: Nottbohm, K. (2001), Releasewechsel. In: Mertens, P. (2001), S. 400-423.

[VW07]: Volkswagen, http://www.volkswagen-ag.de/german/defaultNS.html, 20. 3. 2007

[Wöhe90]: Wöhe, G. (1990), Einführung in die Allgemeine Betriebswirtschaftslehre. 17. Auflage. München. Vahlen Verlag

Zur Prognose von Chartplatzierungen im deutschen Musikbereich

Dirk Dreschel

Otto-von-Guericke-Universität Magdeburg
Fakultät für Informatik (FIN/ITI)
Arbeitsgruppe Wirtschaftsinformatik, insb. Knowledge Management & Discovery
Postfach 4120
D-39016 Magdeburg
dirk.dreschel@iti.cs.uni-magdeburg.de

Abstract: Diese Arbeit stellt die Vorbereitung zur Bestimmung von Mustern in Attributen über Audiosignale und deren beschreibenden Attributen zur Prognose von Chartplatzierungen im deutschen Musikbereich vor. Es werden die ersten zu verwendenden Attribute vorgestellt. Es wird eine eigene Bewertungsmethodik vorgestellt. Ebenso werden auftretende Probleme bei der Anpassung der Daten und deren Auswahl beschrieben. Zum Schluss wird ein Ausblick auf erweiterte Datensätze gegeben und weitere mögliche Attribute und Arbeiten angegeben.

Keywords: Audio, Charts, Prognose

1 Motivation

Mit der hier vorgestellten Arbeit soll versucht werden, das Problem der Prognose von Platzierungen von Musiktiteln in deutschen Musikcharts zu beschreiben. Welche Muster innerhalb von Kombinationen von Audiosignalen und zugehörigen Meta-Informationen führen zu einer erfolgreichen Platzierung? Als Basis für die Musterentdeckung werden die Titel aus den Deutschen Singlecharts von Media Control[90] verwendet. Es liegen (mit zwei Lücken) die Platzierungen der jeweiligen Titel vom 1. Januar 1998 bis zum heutigen Datum in Wochenbasis vor. Das sind insgesamt etwas mehr als 6000 verschiedene Titel. Von dieser Datenmenge stehen derzeit für die Erforschung der Audiosignale ca. 5000 Titel zur Verfügung (wav- und/oder mp3-Format). Bisherige Forschungen im Bereich Chartvorhersage sind dem Autor dieses Artikels nur in genrespezifischen Albumcharts bekannt [Chon et al., pp. 83], so dass sich hier eine gänzlich neue Prognoseart ergeben könnte. Die vorliegende Arbeit beschreibt die Auswahl der

---

[90] http://www.media-control.de, http://www.ifpi.de

für die Prognose zu verwendenden Attribute (sowohl Audiodaten als auch zugehörige Meta-Informationen). Für die Bewertung, ob ein Titel erfolgreich ist oder nicht, wird eine eigene Bewertungs-methodik eingeführt. Der Vergleich der Ergebnisse dieser Methodik mit den realen Platzierungen von Musiktiteln innerhalb EINES Jahres zeigt eine starke Übereinstimmung. Im letzten Abschnitt werden einige Vorschläge für weitere Arbeiten gemacht.

2 Vorstellung der verwendeten Methoden

Die ersten Experimente sollen auf Basis von Klassifikationsalgorithmen aus dem Data Mining Bereich durchgeführt werden. Für die jeweiligen Algorithmen wird ein Zielattribut benötigt nach dem klassifiziert werden soll. Dieses Attribut sollte den Erfolg des Musiktitels widerspiegeln. Für die Klassifikation werden mehrere Attribute verwendet.

Der folgende Abschnitt stellt die derzeit verfügbaren Attribute vor.

2.1 Verwendete Attribute

Interpret: Ein Characterfeld, das den Namen des Interpreten bzw. der Gruppe des zu beobachtenden Musikstücks enthält

Titel: Ebenfalls ein Characterfeld, welches den kompletten Titel des Musikstücks entsprechend den MediaControl Charts enthält

Vertrieb: Auch ein Characterfeld, welches den Namen des Vertriebs der Single enthält

Länge: Integerfeld, welches die (ganzzahlig gerundete) Länge des Musikstücks in Sekunden angibt

BPM: gibt die Beats per minute (also die Taktschläge pro Minute) als ganzzahlig gerundeter Integerwert an

Punkte: Integerwert, der sich aus den Platzierungen und der Anzahl Wochen innerhalb der Deutschen Singlecharts errechnet wird (siehe Kapitel 2.2)

2.2 Berechnung des Attributs Punkte

Für die verwendeten Klassifikationsalgorithmen wird ein Zielattribut benötigt. Die ersten fünf der erwähnten Attribute sind für sich selbst keine Attribute mit denen der Erfolg eines Titels bemessen werden kann. Ob ein Titel erfolgreich ist oder nicht ergibt sich nach Meinung des Autors nicht nur in der Platzierung in den deutschen Single Charts einer Woche an sich, sondern auch nach den erreichten Plätzen zuzüglich der Anzahl Wochen in den Charts. Aus diesem Grund wurde ein weiteres Attribut (Punkte) entwickelt, dass sich eben aus diesen beiden Kriterien berechnen lässt.

Auf den ersten Blick erscheint die Verwendung der verkauften Single-Stückzahlen als Zielattribut sinnvoller als das Errechnen des Erfolgs anhand zweier Variablen. Bei der Verwendung der verkauften Einheiten ergeben sich jedoch zwei Probleme. Erstens sind seit Jahren die physischen Verkaufszahlen rückläufig. Hinzu kommt, dass im Laufe der letzten Jahre auch eine Verschiebung der Verkäufe vom physischen Markt in den digitalen Markt (Internet und Handy) stattgefunden hat. Seit September 2004 werden auch diese Verkäufe bei der Erstellung der offiziellen Charts berücksichtigt [IFPI04]. Der zweite Punkt der dazu geführt hat, dass die reinen Verkaufszahlen als Erfolgsattribut nicht verwendet wurden, ist das Fehlen einer offiziell verfügbaren Quelle, die die realen Verkaufszahlen auflistet. Aus diesen beiden Gründen wurde eine mathematische Formel entwickelt, die anhand von Platzierung und Anzahl Wochen in den Charts eine ganzzahlige Punktzahl errechnet, die den Erfolg eines Titels widerspiegelt.

Für die Platzierung innerhalb einer Woche werden Punkte zwischen 1 und 100 in umgekehrter Reihenfolge verteilt. Platz eins erhält 100 Punkte, Platz zwei 99 und so fort bis Platz 100 der nur noch einen Punkt erhält. Diese Punkte werden pro Woche solange aufaddiert, bis der Titel die Charts verlässt. Falls er später wieder einen sogenannten Re-Entry (also einen Wiedereinstieg in die Charts) hat, werden die dann erzielten Punkte weiteraddiert.

Zuzüglich zu diesen Punkten wird die Anzahl Wochen in den Charts ebenso mit in die Berechnung aufgenommen. Für jede Wochenzahl gibt es die entsprechende Anzahl Punkte. Für die erste Woche einen, in der zweiten Woche gibt es zwei weitere Punkte dazu usw. Diese Punkte werden ebenfalls aufaddiert und zu den Platzierungspunkten dazuaddiert. Die Verwendung dieser Methodik auf die Datenbasis hat ergeben, dass das Verhältnis Platzierungspunkte zu Wochen-punkten sich auf maximal 85 zu 15 % verhält. Das erscheint auf den ersten Blick wenig, jedoch kann somit auch ein Titel, der lange auf den hinteren Rängen der Charts platziert war, als erfolgreich eingestuft werden. Erste Auswertungen und Vergleiche mit den jährlich erscheinenden Single-Jahres-Charts haben gezeigt, dass diese Berechnungsmethode grosse Übereinstimmungen mit den Jahrescharts zeigt.

Aus Übersichtsgründen wurden nur die Jahrescharts bis Platz 100 verwendet. Die existierenden gravierenden (z.B. Punkteplatz 10 zu Jahrescharts Platz 63) Abweichungen resultieren unter anderem daher, dass die Punkteberechnung jahresübergreifend durchgeführt wird, jedoch die Jahrescharts sich auf die Platzierung des Titels in dem jeweiligen Jahr beziehen. Anhand der linearen Trendlinie ist erkennbar, dass die Abweichungen sich jedoch im Schnitt bei weniger als 20 Plätzen bewegen.

2004 Vergleich Jahrescharts - Punkte

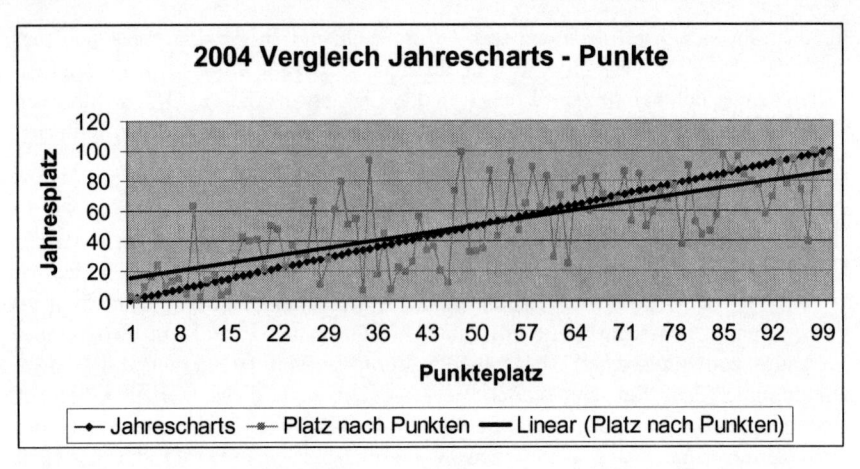

Abbildung 1: Vergleich Jahrescharts - Punkte

Die folgende Formel verdeutlicht noch einmal die Berechnung der Punkte (n entspricht hier den Wochen, während x_i die Platzierung in der jeweiligen Woche i darstellt):

$$\sum_{i=1}^{n} (101 - x_i + i) \qquad (1)$$

Aufgrund dieser Formel ergaben sich mehrfach als kleinster Wert *2* und als größter Wert *5928*. Für die ersten Experimente wird das Zielattribut als binäres Attribut verwendet werden. Das bedeutet in diesem Fall die Berechnung eines Mittelwerts aus allen Punkten. Jeder Titel, dessen Punkte über diesem Mittelwert liegen, wird als erfolgreich deklariert und jeder Titel unterhalb dieser Grenze als nicht erfolgreich. Der errechnete gerundete Mittelwert liegt derzeit bei 441 Punkten. Das bedeutet, dass ca. zwei Drittel der verwendeten Titel als nicht erfolgreich und ca. nur ein Drittel als erfolgreich deklariert werden können.

2.3 Weitere Vorbereitungen

Für die durchzuführenden Experimente mussten noch einige weitere Bearbeitungen an den Daten vorgenommen werden. Diese werden in diesem Kapitel kurz vorgestellt.

2.3.1 Ermittlung des BPM-Werts

Die Werte des Attributs BPM (Beats per minute) wurden hauptsächlich mit Hilfe der Software MixMeister BPM Analyzer[91] ermittelt. Bei dieser Ermittlung sind zwei Probleme aufgetreten:

1. Bei ca. ein Prozent der zu untersuchenden Musiktitel im MP3-Format konnte kein BPM-Wert durch die Software ermittelt werden

2. Ein weiteres Problem ist erst nach genauerer Betrachtung der ermittelten Daten ersichtlich geworden. Die Software ermittelt bei geschätzten 15 Prozent der untersuchten Titel einen völlig falschen BPM-Wert. Teilweise wird das zwei- bis dreifache des korrekten Wertes ermittelt. Auf den ersten Blick war nicht erkennbar wo die Ursache dieses Problems liegt. Nach mehrmaligem Anhören der betroffenen Titel ist jedoch ersichtlich, dass die Software bei speziellen Titeln nicht die Taktschläge als BPM wertet, sondern dagegen jede Note einzeln.

Sowohl das erste als auch das zweite Problem sind jedoch lösbar. Letztendlich muss jeder Titel der verwendet werden soll, überprüft werden und bei auftauchenden Problemen muss der BPM-Wert händisch ermittelt werden. Für die automatisierte Ermittlung der BPM-Werte wurden mehrere Programme getestet. Die weiter oben erwähnte Software hat sich als die Beste in diesem Bereich erwiesen. Die Software liefert eine textbasierte Liste aus, die ohne große Probleme in die existierende Datenbank eingefügt werden kann. Andere Programme scheinen mit dem gleichen Algorithmus zu arbeiten, liefern jedoch den BPM-Wert nur für EINEN Titel bzw. erlauben keine Ausgabe.

2.3.2 Zusammenstellung der Musikstücke

Sowohl für die Berechnung der BPM als auch für weitere Experimente mussten die mehr als 5000 Einzeltitel zusammengesucht und bereitgestellt werden. Auch hier sind zwei Probleme aufgetreten.

1. Die Dateinamen mussten alle in eine einheitliche Form gebracht werden. Für weitere Experimente wurde die folgende Form gewählt:
Interpret – Titel.yyy
(yyy steht hier für die Dateiendung, also z.B. mp3). Da die vorhandenen Titel in den verschiedensten Formen vorlagen, mussten also fast alle Titel händisch angepasst werden. Existierende Software zur automatisierten Umbenennung der Dateinamen konnte aufgrund der fehlenden Meta-Tags bei den MP3-Dateien nicht verwendet werden. Ebenso musste bei der Zusammenstellung darauf geachtet werden, dass die Interpreten und Titel die gleiche Schreibweise wie in der Datenbank verwendet, bekommen. Das bedeutete teilweise auch eine Anpassung der Daten in der Datenbank, da gewisse Zeichen innerhalb des

---

[91] http://www.mixmeister.com

verwendeten Zeichensatzes im genutzten Dateisystem nicht erlaubt waren
(z.B. / oder auch :)

2. Ein weiteres und weitaus größeres Problem ist das Vorhandensein verschiedenster Remixe vieler Titel. Standardmäßig sind auf zu kaufen-den Singles zwar mehrere Remixe (länger oder auch anderer Musikstil) vorhanden, jedoch wird normalerweise ein Titel bekannt in dem in den Medien die normale Version präsentiert wird. Bei der Zusammenstellung musste also darauf geachtet werden, keine Titel mit dem Zusatz *extended versions* oder *remixed by* zu verwenden.

Diese beiden Probleme sind von der Art her eher trivial, jedoch ergibt sich bei der verwendeten Titelmenge sehr viel operative Arbeit.

2.3.3 Anpassung der Daten in der Datenbank

Beim Zusammenstellen der Musikstücke und bei der Kontrolle der BPM-Werte sind vereinzelte Fehler in der Datenbank ermittelt worden. Teilweise variiert die Schreibweise der Interpreten bzw. Titel in den wöchentlichen Veröffentlichungen der Single-Charts. Somit ergeben sich also auch bei der Berechnung der Punkte falsche Werte indem für ein und denselben Titel mehrere Datensätze existierten und somit zwei verschiedene Punktesummen existierten. Diese wenigen Datensätze mussten also zusammengefasst werden, um die korrekten Punkte zu erhalten. Weitere Anpassungen waren die in Kapitel 2.3.2 schon erwähnten Änderungen bzgl. der Einschränkungen im Dateisystem.

2.4 Statistische Auswertungen der Daten

2.4.1 Verteilung der Vertriebsfirmen

In dem untersuchten Zeitraum haben 66 verschiedene Firmen den Vertrieb der Tonträger übernommen. Abbildung 2 zeigt eine überarbeitete Grafik der prozentualen Verteilung der Firmen. Der Anteil von 11% der restlichen Vertriebsfirmen teilt sich auf insgesamt 51 unterschiedliche Unternehmen auf. Der Bereich *BMG konsolidiert* umfasst in diesem Fall fünf verschiedene Tochterfirmen von BMG. In dem betrachteten Zeitraum gab es jedoch einige Firmenfusionen, die bei den später folgenden Experimenten berücksichtigt werden sollten. Es fällt jedoch auf, dass das Unternehmen Universal über ein Viertel des gesamten betrachteten Musikkatalogs in seinem Vertrieb hat.

Zur Prognose von Chartplatzierungen 153

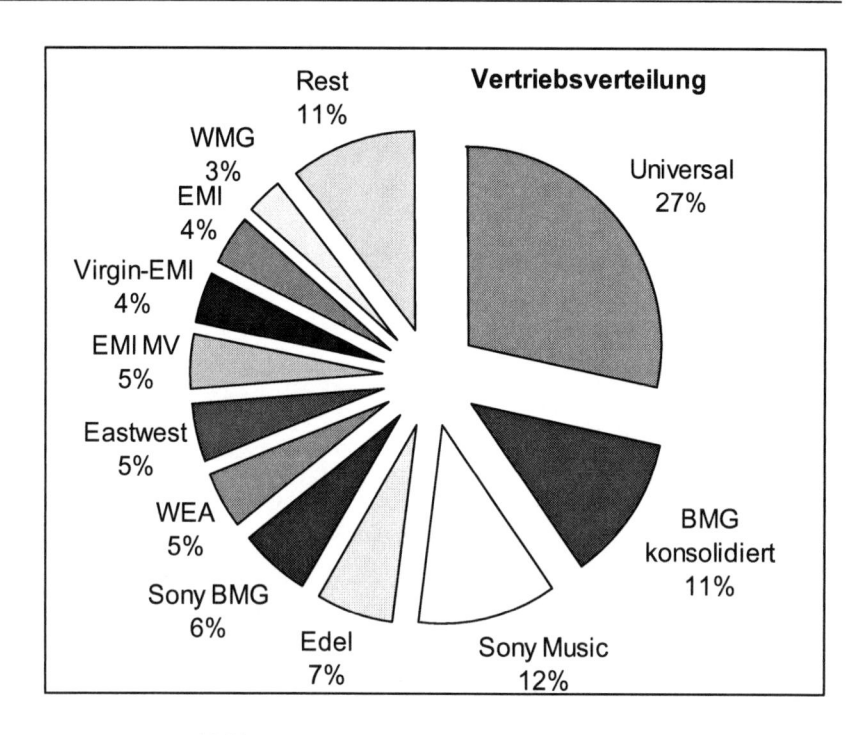

Abbildung 2: Prozentuale Verteilung der Vertriebe

2.4.2 Verteilung der Punkte

Die folgende Grafik stellt eine Übersicht der Punkteverteilung dar.

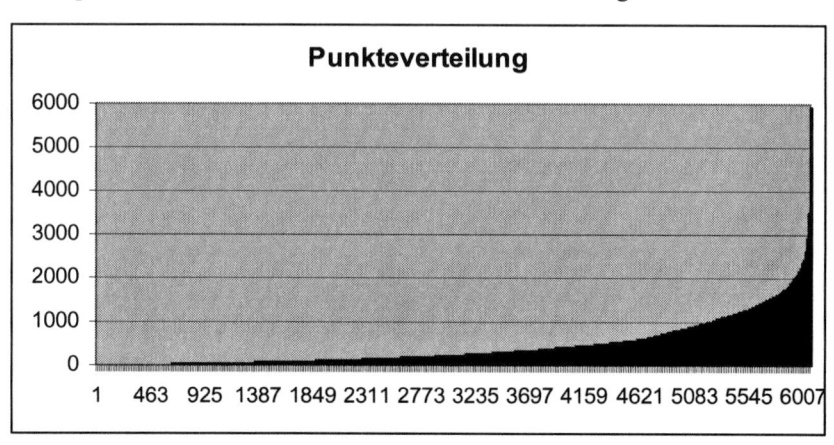

Abbildung 3: Punkteverteilung

Die Punktevergabe reicht von zwei Punkten (gleichbedeutend mit einer einwöchigen Platzierung in den Charts auf Platz 100) bis hin zum Maximum von 5928 (Xavier Naidoo mit dem Titel *Dieser Weg*). Der Durchschnitt der Punkte über die etwas mehr als 6000 Titel liegt bei gerundeten 441. Aus der Grafik ist ebenso erkennbar, dass mehr als 70% aller Titel weniger als 1000 Punkte bekommen.

2.4.3 Weitere Auswertungen

Aus den vorhandenen Datensätzen lassen sich weitere interessante Auswertungen ermitteln. Nach Konsolidierung und Korrektur aller 6069 Datensätze wird eine interessante Auswertung die Ermittlung der Anzahl verschiedener Interpreten sein. Erste händische Auswertungen haben ergeben, dass es keinen Interpreten im betrachteten Zeitraum gibt, der mehr als 20 Titel in den Charts platzieren konnte.

Auch Auswertungen im Bereich durchschnittliche Länge bzw. durchschnittliche BPM-Zahl oder auch die Betrachtung von evtl. existierenden Abhängigkeiten im Bereich BPM zu Punkten oder Länge zu Punkten wird zu den nächsten Aufgaben gehören.

3 Erste Experimente

Nach dem derzeitigen Wissensstand des Autors gibt es derzeit nur einen weiteren ähnlichen Ansatz der sowohl mit den möglichen Meta-Informationen als auch mit Werten aus den Audio*signalen* arbeitet. Dieser ist jedoch rein kommerziell und die dahinter liegenden Algorithmen bzw. Ansätze sind nicht veröffentlicht[92].

Die noch durchzuführenden Experimente werden unter anderem auf der Software WEKA[93] der University of Waikato / Neuseeland durchgeführt.

In den ersten Experimenten sollen Entscheidungsbäume und als weitere Alternative die Weka-Version einer Support Vector Machine verwendet werden.

---

[92] http://www.hitsongscience.com
[93] http://www.cs.waikato.ac.nz/ml/weka

4 Zukünftige Arbeiten

4.1 Nicht-Verwendung des Attributs Genre

Ein beschreibendes Datum von Musik ist sehr häufig das Genre. Deshalb erscheint es als logisch dieses Attribut auch in diesem Fall der Prognose anzuwenden. Dieses wird in den ersten Experimenten jedoch nicht getan. Der Grund dafür ist das Fehlen einer einheitlichen und objektiven Einteilung von einzelnen Titeln in ein Genre. Für ganze Alben gibt es ausreichend Datenbanken[94] die eine Einteilung in ein Genre durchführen. Soll jedoch eine einheitliche Einteilung eines Musikstücks in ein Genre durchgeführt werden, gibt es keine allgemein verwendete offizielle Genre-Onthologie, auf die Bezug genommen werden kann. Und eine persönliche und nicht für jedermann nachvollziehbare Einteilung sollte bei den ersten Experimenten nicht angewendet werden. Für weitere Arbeiten ist geplant, das Genre als weiteres Attribut anzuwenden und zu versuchen, in den ersten Schritten die Genre-Zuordnung des gesamten Longplayers als Genre für den einzelnen Titel zu übernehmen.

4.2 Nicht-Verwendung der Texte

Ein weiterer Punkt, der im Laufe der Arbeiten aufgetaucht ist, ist die Frage nach der Verwendung des Inhalts der Texte der verwendeten Musikstücke. Dieses wurde vorerst für die Deutschen Singlecharts aus folgendem Grund verworfen: Da die deutschen Charts nicht nur einsprachig sind, kann der Inhalt der Texte als Prognosekriterium wie im Fall von [DhLo95, p. 489] nicht herangezogen werden. Die deutschen Single-Charts sind quasi dreisprachig (Englisch, Deutsch und Rest). Der Grossteil der Hörer, die die deutschen Single-Charts durch Ihre Single-Käufe bewirken, hat als Muttersprache die Deutsche Sprache und somit sind englische oder anderssprachige Texte im Allgemeinen nicht als Kriterium nutzbar. Die deutschen Single-Charts bestehen bis zu 30% aus deutschen Titeln. Für weitere Arbeiten ist geplant, bei dieser Menge den Text mit als Kriterium einzubeziehen.

4.3 Weitere Attribute

Um die Prognose nicht nur mit den erwähnten fünf Attributen durchzuführen und um auch weitere Daten aus den Signalen an sich zu gewinnen, wird für weitere Experimente die Attributsliste sukzessiv erweitert. Geplant sind Attribute wie z.B. den Frequenzbereich (also höchste und niedrigste Frequenz, Mittelwert).

---

[94] http://www.musicline.de , http://www.allmusic.com

Ein weiterer Bereich, der noch untersucht werden muss, ist die Verwendung unterschiedlicher Dateiformate (WAV, MP3 oder auch FLAC). Es muss unter anderem die Frage untersucht werden, ob die verlustbehaftete Kompression der Musikstücke durch das MP3-Format zu einer Änderung der Audiosignale und deren Werten (z.b. Frequenzbereich) führt.

Ein weiteres wichtiges Attribut, das berücksichtigt werden sollte, ist die mediale Verwendung der Titel. In Werbespots werden sehr häufig Titel verwendet, die Wochen später sehr erfolgreiche Platzierungen in den Charts verzeichnen können. Auch Titelmelodien für Fernesehserien (als Beispiel seien hier die Big Brother Sendungen genannt) haben ein großes Chartspotenzial.

4.4 Verwendete Klassifikationsmethoden

Die geplanten Experimente berücksichtigen bisher nur die Standardeinstellungen der verwendeten Klassifikationsalgorithmen. Nächste Schritte sollen zeigen, ob einzelne Einstellungen an den Attributen der *Algorithmen* dazu führen, dass sich die Ergebnisse verbessern lassen. Ebenso muss untersucht werden, ob es weitere Klassifikationsalgorithmen gibt, die auf diesem Problem angewendet werden können. Auch sollten weitere Algorithmen aus dem Data Mining Bereich auf ihre sinnvolle Verwendung hin untersucht werden.

4.5 Weitere Arbeiten

Neben den erwähnten Erweiterungen aus den vorhergehenden Abschnitten müssen weitere statistische Auswertungen durchgeführt werden. Ebenso wird die vorhandene Datenbasis kontinuierlich erweitert um die wöchentlichen Neuerungen der Charts mit einzubeziehen.

Auch die Anwendung der Methodik nicht nur auf einzelne Titel, sondern auf die gesamten Titel eines Albums in den Albencharts ist ein interessanter Ansatz, der untersucht werden sollte. Auch die Anwendung auf andere Charts (sowohl internationale Musikcharts als auch gänzlich andere Verkaufsranglisten (als Beispiel seien hier Literaturlisten genannt)) soll im weiteren Verlauf untersucht werden.

Ein weiterer Aspekt der berücksichtigt werden muss, ist die Verschiebung des Zielattributs. Bei den ersten Experimenten wird die Grenze des Zielattributs auf den Mittelwert der Punkte gesetzt. Um aber eine Gleichverteilung der Daten zu erreichen, sollte diese Grenze evtl. verschoben werden. Auch eine Einteilung der Punkte in eine Skala und somit das Einteilen von mehreren Zielattributsbereichen ist ein weiterer zu berücksichtigender Aspekt.

5 Ausblick

Durch die weiter oben erwähnten Ansätze bleiben noch sehr viele Experimente möglich. Ebenso sind durch die umfangreichen Richtungen (weitere Attribute, verschiedene Dateiformate, usw.) einige Forschungsarbeiten in den verschiedensten Bereichen denkbar.

Referenzen

[Chon et al.] Chon, S. H., Slaney, M., Berger, J.: Predicting Success from Music Sales Data – A statistical and adaptive approach. In: Proceedings of the 1st ACM workshop on Audio and music computing multimedia, 2006, pp. 83-87

[DhLo05] Dhanaraj, R., Logan, B.: Automatic Prediction of hit songs. In: Online Proceedings of 6th International Conference on Music Information Retrieval, 2005, pp. 489–491.

[IFPI04] http://www.ifpi.de/charts/pdf/ausschnitt_systembeschreibung_chartpanel.pdf, Aufgerufen am 11. Mai 2007

Bisherige Publikationen aus der Reihe „Magdeburger Schriften zur Wirtschaftsinformatik"

André Scholz Performance-orientierte Systementwicklung am Beispiel datenbankbasierter integrierter Anwendungssysteme
August 2001
978-3-8265-9081-8

Alexander Huber Demontageplanung und -steuerung
Planung und Steuerung industrieller Demontageprozesse mit PPS-Systemen
September 2001
978-3-8265-9341-3

Jorge Carlos Marx Gómez Rechnergestützte Ansätze zur Rückflussprognose von Altprodukten zum Remanufacturing
Oktober 2001
978-3-8265-9063-4

Jorge Carlos Marx Gómez, Claus Rautenstrauch (Hrsg.) Von der Ökobilanzierung bis zur automatisierten Umweltberichterstattung mit Stoffstrommanagementsystemen - eine Fallstudie
November 2001
978-3-8265-9490-8

Peter Lehmann Meta-Datenmanagement in Data-Warehouse-Systemen
Rekonstruierte Fachbegriffe als Grundlage einer konstruktiven, konzeptionellen Modellierung
Dezember 2001
978-3-8265-9626-1

Klaus Turowski Fachkomponenten
Komponentenbasierte betriebliche Anwendungssysteme
April 2003
978-3-8322-1359-6

Andreas Abel Fachkonzept für die Implementierung privater Währungen im Internet
Juli 2003
978-3-8322-1644-3

Castellano, de la Paz, Jorge Marx Gómez, Claus Rautenstrauch (Eds.) CICE 2004
IV International Conference on Applied Enterprise Science (International Symposium on Business Informatics), Santa Clara, Cuba, October 20-23, 2004 - Proceedings
Oktober 2004
978-3-8322-3143-9

Walter Leal Filho, Jorge Marx Gómez, Claus Rautenstrauch (Eds.) ITEE 2005
Second International ICSC Symposium on Information Technologies in Environmental Engineering - Proceedings-
September 2005
978-3-8322-4362-3

Jan Koserski Analyse der Ratingmigrationen interner Ratingsysteme mit Markov-Ketten, Hidden-Markov-Modellen und Neuronalen Netzen
Dezember 2006
978-3-8322-5671-5

Corinna V. Lang Konzeption eines Referenzmodells für betriebliche Umweltinformationssysteme im Bereich der innerbetrieblichen Logistik
Januar 2007
978-3-8322-5783-5

Gamal Kassem Application Usage Mining: Grundlagen und Verfahren
Mai 2007
978-3-8322-5995-2